Sabores de la India

Un Viaje Culinario a la Riqueza de Especias y Tradiciones

Priya Patel

Indice

Kele ki Bahji 17
    Ingredientes 17
    Método 18
Kathal de coco 19
    Ingredientes 19
    Para sasonar: 19
    Método 20
Rebanadas de ñame picante 21
    Ingredientes 21
    Método 22
ñame masala 23
    Ingredientes 23
    Método 23
Masala de remolacha 25
    Ingredientes 25
    Método 26
masala de brotes de frijol 27
    Ingredientes 27
    Método 28
Mirch Masala 29
    Ingredientes 29
    Método 30
tomate kadhi 31

- Ingredientes 31
  - Método 32
- Kolhapuri de verduras 33
  - Ingredientes 33
  - Método 34
- Undhiyu 35
  - Ingredientes 35
  - Para las muthias: 36
  - Método 36
- Curry kofta de plátano 37
  - Ingredientes 37
  - Para el curry: 37
  - Método 38
- Calabaza amarga con cebolla 39
  - Ingredientes 39
  - Método 40
- Sukha Khatta Chana 41
  - Ingredientes 41
  - Método 42
- Karela Bharwan 43
  - Ingredientes 43
  - Para el relleno: 43
  - Método 44
- Curry kofta con repollo 45
  - Ingredientes 45
  - Para la salsa: 45
  - Método 46

gojju de piña 47

    Ingredientes 47

    Para la mezcla de especias: 47

        Método 48

Gojju de calabaza amarga 49

    Ingredientes 49

        Método 50

Baingan Mirchi ka Salan 51

    Ingredientes 51

        Método 52

Pollo con verduras 54

    Ingredientes 54

        Método 54

    Para la marinada: 55

Pollo tikka masala 56

    Ingredientes 56

        Método 57

Pollo relleno picante en rica salsa 58

    Ingredientes 58

        Método 59

Masala De Pollo Picante 61

    Ingredientes 61

        Método 62

pollo de cachemira 63

    Ingredientes 63

        Método 64

pollo al ron 65

Ingredientes 65

Método 66

Pollo Shahjahani 67

Ingredientes 67

Método 68

pollo de pascua 69

Ingredientes 69

Método 70

Pato picante con patatas 71

Ingredientes 71

Método 72

Pechuga de pato 73

Ingredientes 73

Método 74

Bharwa Murgh Kaju 75

Ingredientes 75

Método 76

Pollo masala con yogur 78

Ingredientes 78

Método 79

Pollo Dhansak 81

Ingredientes 81

Método 82

Chatpata De Pollo 84

Ingredientes 84

Para la marinada: 85

Método 85

Masala de pato con leche de coco 86
    Ingredientes 86
    Para la mezcla de especias: 86
    Método 87
Pollo Dil Bahar 88
    Ingredientes 88
    Método 89
Dum ka Murgh 91
    Ingredientes 91
    Método 92
Murgh Kheema Masala 93
    Ingredientes 93
    Método 94
Pollo Relleno Nawabi 95
    Ingredientes 95
    Para el relleno: 95
    Método 96
Murgh ke Nazaré 97
    Ingredientes 97
    Para la salsa: 98
    Método 99
Murgh Pasanda 100
    Ingredientes 100
    Método 101
Murgh Massala 102
    Ingredientes 102
    Para la mezcla de especias: 102

Método 103

Crema De Pollo Bohri 104

    Ingredientes 104

    Método 105

Jhatpat Murgh 106

    Ingredientes 106

    Método 106

Pollo al curry verde 107

    Ingredientes 107

    Método 108

Murgh Bharta 109

    Ingredientes 109

    Método 109

Pollo con semillas de Ajwain 111

    Ingredientes 111

    Método 112

Pollo Tikka Con Espinacas 113

    Ingredientes 113

    Para la marinada: 113

    Método 113

Pollo Yakhni 114

    Ingredientes 114

    Método 115

Pollo Con Chile 116

    Ingredientes 116

    Método 116

Pollo a la pimienta 118

Ingredientes 118

Método 118

Pollo con higos 120

Ingredientes 120

Método 120

Pollo sin aceite 121

Ingredientes 121

Método 121

Cari Kozi Varatha 122

Ingredientes 122

Método 123

Estofado de pollo 124

Ingredientes 124

Método 125

Pollo Himani 126

Ingredientes 126

Para la marinada: 126

Método 126

Pollo Blanco 128

Ingredientes 128

Método 129

Pollo con masala roja 130

Ingredientes 130

Método 131

Pollo Jhalfrezie 132

Ingredientes 132

Método 133

Pollo Al Curry Sencillo 134
- Ingredientes 134
- Método 135

Pollo al curry agrio 136
- Ingredientes 136
- Método 137

Pollo Seco Anjeer 138
- Ingredientes 138
- Para la marinada: 138
- Método 139

Yogur De Pollo 140
- Ingredientes 140
- Método 141

Pollo Frito Picante 142
- Ingredientes 142
- Método 143

Pollo Supremo 144
- Ingredientes 144
- Método 145

vindaloo de pollo 146
- Ingredientes 146
- Método 147

Pollo caramelizado 148
- Ingredientes 148
- Método 149

Pollo de nueces 150
- Ingredientes 150

Método 151
Pollo Rápido 152
    Ingredientes 152
    Método 153
Pollo Al Curry Coorgi 154
    Ingredientes 154
    Método 155
Pollo Sartén 156
    Ingredientes 156
    Método 157
Pollo Con Espinacas 158
    Ingredientes 158
    Método 159
pollo indio 160
    Ingredientes 160
    Para la mezcla de especias: 160
    Método 161
Kori Gassi 162
    Ingredientes 162
    Método 163
Pollo Ghezado 164
    Ingredientes 164
    Método 164
Pollo En Salsa De Tomate 166
    Ingredientes 166
    Método 167
Shahenshah Murgh 168

Ingredientes 168

Método 169

Pollo Piaza 170

Ingredientes 170

Método 171

Pollo Bengalí 172

Ingredientes 172

Método 172

Lasooni Murgh 173

Ingredientes 173

Método 174

café con pollo 175

Ingredientes 175

Para la marinada: 175

Método 176

Pollo con albaricoques 177

Ingredientes 177

Método 178

Pollo asado 179

Ingredientes 179

Método 180

Pato asado con pimienta 181

Ingredientes 181

Método 182

Pollo Bhuna 183

Ingredientes 183

Método 184

Curry De Pollo Y Huevo ... 185
- Ingredientes ... 185
- Método ... 186

Pollo Frito Con Especias ... 187
- Ingredientes ... 187
- Para la marinada: ... 187
- Método ... 188

Goa Komdi ... 189
- Ingredientes ... 189
- Método ... 190

Pollo al curry sureño ... 191
- Ingredientes ... 191
- Método ... 192

Pollo Nizamí ... 193
- Ingredientes ... 193
- Para la mezcla de especias: ... 193
- Método ... 194

Bufón de pato ... 195
- Ingredientes ... 195
- Método ... 195

Adraki Murgh ... 197
- Ingredientes ... 197
- Método ... 197

Bharva Murgh ... 198
- Ingredientes ... 198
- Método ... 199

Malaidar Murgh ... 200

- Ingredientes 200
- Método 201
- Pollo al curry de Bombay 202
  - Ingredientes 202
  - Método 203
- Pollo Durbari 204
  - Ingredientes 204
  - Método 205
- Pato frito 206
  - Ingredientes 206
  - Método 206
- Pollo Al Ajo Y Cilantro 207
  - Ingredientes 207
  - Método 208
- pato masala 209
  - Ingredientes 209
  - Método 210
- Pollo A La Mostaza 211
  - Ingredientes 211
  - Método 212
- Murgh Lassanwallah 213
  - Ingredientes 213
  - Método 214
- Chetinad de pollo con pimienta 215
  - Ingredientes 215
  - Método 216
- Pollo En Rebanadas Con Huevos 217

Ingredientes 217

Método 218

pollo seco 219

Ingredientes 219

Para la marinada: 219

Método 220

Kele ki Bahji

(curry de plátano verde)

Para 4 personas

Ingredientes

6 plátanos verdes, pelados y cortados en trozos de 2,5 cm de grosor

Sal al gusto

3 cucharadas de aceite vegetal refinado

1 cebolla grande, en rodajas finas

2 dientes de ajo machacados

2-3 chiles verdes, partidos a lo largo

1 cm de raíz de jengibre

1 cucharadita de cúrcuma

½ cucharadita de semillas de comino

½ coco fresco rallado

Método

- Remojar los plátanos en agua fría y sal durante una hora. Escurrir y reservar.

- Calentar el aceite en una cacerola. Agrega la cebolla, el ajo, los chiles verdes y el jengibre. Fríelos a fuego medio hasta que la cebolla se dore.

- Agrega los plátanos y la cúrcuma, el comino y la sal. Mezclar bien. Cubra con una tapa y cocine a fuego lento durante 5-6 minutos.

- Agrega el coco, mezcla ligeramente y cocina por 2-3 minutos. Servir caliente.

Kathal de coco

(Yaca verde con coco)

Para 4 personas

Ingredientes

500 g/1 libra 2 oz de yaca verde*, pelado y picado

500 ml/16 onzas de agua

Sal al gusto

100 ml de aceite de mostaza

2 hojas de laurel

1 cucharadita de semillas de comino

1 cucharadita de pasta de jengibre

250 ml/8 oz de leche de coco

Azúcar al gusto

Para sasonar:

75 g/2½ oz de ghee

1 cm/½ en canela

4 vainas de cardamomo verde

1 cucharadita de chile en polvo

2 chiles verdes, partidos a lo largo

Método

- Mezclar los trozos de yaca con el agua y la sal. Cocina esta mezcla en una cacerola a fuego medio durante 30 minutos. Escurrir y reservar.

- Calienta el aceite de mostaza en una cacerola. Agrega las hojas de laurel y las semillas de comino. Déjalos crepitar durante 15 segundos.

- Agrega la pasta de yaca y jengibre, la leche de coco y el azúcar. Cocine durante 3-4 minutos, revolviendo continuamente. Poner a un lado.

- Calienta el ghee en una sartén. Agrega los ingredientes del condimento. Freír durante 30 segundos.

- Vierta esta mezcla sobre la mezcla de yaca. Servir caliente.

Rebanadas de ñame picante

Para 4 personas

Ingredientes

500 g/1 libra 2 oz de ñame

1 cebolla mediana

1 cucharadita de pasta de jengibre

1 cucharadita de pasta de ajo

1 cucharadita de chile en polvo

1 cucharadita de cilantro molido

4 dientes

1 cm/½ en canela

4 vainas de cardamomo verde

½ cucharadita de pimienta

50 g/1¾ oz de hojas de cilantro

50 g/1¾ oz de hojas de menta

Sal al gusto

Aceite vegetal refinado para freír.

Método

- Pelar los ñames y cortarlos en rodajas de 1 cm de grosor. Cocer al vapor durante 5 minutos. Poner a un lado.

- Muele el resto de los ingredientes, excepto el aceite, hasta obtener una pasta suave.

- Aplica la pasta a ambos lados de las rodajas de ñame.

- Calienta el aceite en una sartén antiadherente. Agrega las rodajas de ñame. Freír por ambos lados hasta que estén crujientes, añadiendo un poco de aceite por los bordes. Servir caliente.

ñame masala

Para 4 personas

Ingredientes

400 g/14 oz de ñame, pelado y cortado en cubitos

750 ml / 1¼ litro de agua

Sal al gusto

3 cucharadas de aceite vegetal refinado

¼ de semillas de mostaza

2 pimientos rojos enteros, picados en trozos grandes

¼ cucharadita de cúrcuma

¼ cucharadita de comino molido

1 cucharadita de cilantro molido

3 cucharadas de maní triturado grueso

Método

- Hervir el ñame con el agua y la sal en un cazo durante 30 minutos. Escurrir y reservar.

- Calentar el aceite en una cacerola. Agrega las semillas de mostaza y los trozos de pimiento rojo. Déjalos crepitar durante 15 segundos.

- Agrega el resto de los ingredientes y el ñame cocido. Mezclar bien. Cocine a fuego lento durante 7-8 minutos. Servir caliente

Masala de remolacha

Para 4 personas

Ingredientes

2 cucharadas de aceite vegetal refinado

3 cebollas pequeñas, finamente picadas

½ cucharadita de pasta de jengibre

½ cucharadita de pasta de ajo

3 chiles verdes, partidos a lo largo

3 remolachas, peladas y picadas

¼ cucharadita de cúrcuma

1 cucharadita de cilantro molido

¼ de cucharadita de garam masala

Sal al gusto

125 g/4½ oz de puré de tomate

1 cucharada de hojas de cilantro, picadas

Método

- Calentar el aceite en una cacerola. Agrega las cebollas. Dóralos a fuego medio hasta que se vuelvan traslúcidos.

- Agregue la pasta de jengibre, la pasta de ajo y los chiles verdes. Dorar a fuego lento durante 2-3 minutos.

- Agrega la remolacha, la cúrcuma, el cilantro molido, el garam masala, la sal y el puré de tomate. Mezclar bien. Cocine durante 7-8 minutos. Adorne con hojas de cilantro. Servir caliente.

masala de brotes de frijol

Para 4 personas

Ingredientes

2 cucharadas de aceite vegetal refinado

3 cebollas pequeñas, finamente picadas

4 chiles verdes, finamente picados

1 cm/½ de raíz de jengibre cortada en juliana

8 dientes de ajo machacados

¼ cucharadita de cúrcuma

1 cucharadita de cilantro molido

2 tomates, finamente picados

200 g/7 oz de frijoles mungo germinados, al vapor

Sal al gusto

1 cucharada de hojas de cilantro, picadas

Método

- Calentar el aceite en una cacerola. Agrega la cebolla, los chiles verdes, el jengibre y el ajo. Saltee la mezcla a fuego medio hasta que las cebollas se doren.

- Agrega el resto de los ingredientes, excepto las hojas de cilantro. Mezclar bien. Cocine la mezcla a fuego lento durante 8 a 10 minutos, revolviendo ocasionalmente.

- Adorne con hojas de cilantro. Servir caliente.

Mirch Masala

(Chile verde picante)

Para 4 personas

Ingredientes

100 g/3½ oz de espinacas, finamente picadas

10 g/¼ oz de hojas de fenogreco, finamente picadas

25 g / 1 oz de hojas de cilantro, finamente picadas

3 chiles verdes, partidos a lo largo

60 ml de agua

3½ cucharadas de aceite vegetal refinado

2 cucharadas de besan*

1 papa grande, hervida y triturada

¼ cucharadita de cúrcuma

2 cucharaditas de cilantro molido

½ cucharadita de chile en polvo

Sal al gusto

8 pimientos verdes pequeños, sin corazón y sin semillas

1 cebolla grande, finamente picada

2 tomates, finamente picados

Método

- Mezclar las espinacas, la alholva, las hojas de cilantro y los chiles con el agua. Cocine la mezcla al vapor durante 15 minutos. Escurrir y reducir esta mezcla a una pasta.

- Calienta la mitad del aceite en una cacerola. Agregue besan, papa, cúrcuma, cilantro molido, chile en polvo, sal y pasta de espinacas. Mezclar bien. Fríe esta mezcla a fuego medio durante 3-4 minutos. Retirar del fuego.

- Rellena esta mezcla con los pimientos verdes.

- Calienta ½ cucharada de aceite en una sartén. Agrega los pimientos rellenos. Dóralos a fuego medio durante 7 a 8 minutos, volteándolos de vez en cuando. Poner a un lado.

- Calienta el aceite restante en una cacerola. Agrega la cebolla. Freírlo a fuego medio hasta que se dore. Agrega los tomates y los pimientos rellenos fritos. Mezclar bien. Cubra con una tapa y cocine a fuego lento durante 4-5 minutos. Servir caliente.

tomate kadhi

(Tomate en salsa de harina de garbanzos)

Para 4 personas

Ingredientes

2 cucharadas de besan*

120ml de agua

3 cucharadas de aceite vegetal refinado

½ cucharadita de semillas de mostaza

½ cucharadita de semillas de fenogreco

½ cucharadita de semillas de comino

2 chiles verdes, partidos a lo largo

8 hojas de curry

1 cucharadita de chile en polvo

2 cucharaditas de azúcar

150 g/5½ oz de vegetales mixtos congelados

Sal al gusto

8 tomates, blanqueados y hechos puré

2 cucharadas de hojas de cilantro, finamente picadas

Método

- Mezclar el besan con el agua hasta formar una pasta suave. Poner a un lado.

- Calentar el aceite en una cacerola. Agregue las semillas de mostaza, fenogreco y comino, los chiles verdes, las hojas de curry, el chile en polvo y el azúcar. Déjalos crepitar durante 30 segundos.

- Agrega las verduras y la sal. Freír la mezcla a fuego medio durante un minuto.

- Agrega el puré de tomate. Mezclar bien. Cocine la mezcla a fuego lento durante 5 minutos.

- Agrega la pasta besan. Cocine por otros 3-4 minutos.

- Adorne el kadhi con hojas de cilantro. Servir caliente.

Kolhapuri de verduras

(Verduras mixtas picantes)

Para 4 personas

Ingredientes

200 g/7 oz de vegetales mixtos congelados

125 g/4½ oz de guisantes congelados

500 ml/16 onzas de agua

2 pimientos rojos

2,5 cm de raíz de jengibre

8 dientes de ajo

2 chiles verdes

50 g/1¾ oz de hojas de cilantro, finamente picadas

3 cucharadas de aceite vegetal refinado

3 cebollas pequeñas, finamente picadas

3 tomates, finamente picados

¼ cucharadita de cúrcuma

¼ cucharadita de cilantro molido

Sal al gusto

Método

- Mezclar las verduras y los guisantes con el agua. Cuece la mezcla en una cacerola a fuego medio durante 10 minutos. Poner a un lado.

- Muele juntos los chiles rojos, el jengibre, el ajo, los chiles verdes y las hojas de cilantro para hacer una pasta fina.

- Calienta aceite en una sartén. Agregue el chile rojo molido, la pasta de jengibre y la cebolla. Dorar la mezcla a fuego medio durante 2 minutos.

- Agrega los tomates, la cúrcuma, el cilantro molido y la sal. Freír esta mezcla durante 2-3 minutos, revolviendo ocasionalmente.

- Agrega las verduras cocidas. Mezclar bien. Cubra con una tapa y cocine la mezcla a fuego lento durante 5-6 minutos, revolviendo a intervalos regulares.

- Servir caliente.

Undhiyu

(Verduras mixtas gujarati con albóndigas)

Para 4 personas

Ingredientes

2 patatas grandes, peladas

250 g/9 oz de frijoles en sus vainas

1 plátano verde, pelado

20 g/¾ oz de ñame pelado

2 berenjenas pequeñas

60 g/2 oz de coco fresco rallado

8 dientes de ajo

2 chiles verdes

2,5 cm de raíz de jengibre

100 g/3½ oz de hojas de cilantro, finamente picadas

Sal al gusto

60 ml/2 fl oz de aceite vegetal refinado y extra para freír

Una pizca de asafétida

½ cucharadita de semillas de mostaza

250ml de agua

Para las muthias:

60 g/2 oz de besan*

25 g/sólo 1 oz de hojas frescas de fenogreco, finamente picadas

½ cucharadita de pasta de jengibre

2 chiles verdes, finamente picados

Método

- Cortar en dados las patatas, los frijoles, el plátano, el ñame y la berenjena. Poner a un lado.
- Muele el coco, el ajo, los chiles verdes, el jengibre y las hojas de cilantro hasta formar una pasta. Mezclar esta pasta con las verduras picadas y la sal. Poner a un lado.
- Mezcle todos los ingredientes de la muthia. Amasar la mezcla hasta obtener una masa firme. Divida la masa en bolitas del tamaño de una nuez.
- Calentar el aceite para freír en una sartén. Agrega las muthías. Fríelos a fuego medio hasta que estén dorados. Escurrir y reservar.
- Calienta el aceite restante en una cacerola. Agrega la asafétida y las semillas de mostaza. Déjalos crepitar durante 15 segundos.
- Agrega el agua, las mutías y la mezcla de verduras. Mezclar bien. Cubra con una tapa y cocine a fuego lento durante 20 minutos, revolviendo a intervalos regulares. Servir caliente.

Curry kofta de plátano

Para 4 personas

Ingredientes
Para la kofta:

2 plátanos verdes, hervidos y pelados

2 patatas grandes, hervidas y peladas

3 chiles verdes, finamente picados

1 cebolla grande, finamente picada

1 cucharada de hojas de cilantro, finamente picadas

1 cucharada de besan*

½ cucharadita de chile en polvo

Sal al gusto

Ghee para freír

Para el curry:

75 g/2½ oz de ghee

1 cebolla grande, finamente picada

10 dientes de ajo machacados

1 cucharada de cilantro molido

1 cucharadita de garam masala

2 tomates, finamente picados

3 hojas de curry

Sal al gusto

250ml de agua

½ cucharada de hojas de cilantro, finamente picadas

Método

- Triture los plátanos y las patatas.
- Mezclar con el resto de los ingredientes del kofta, excepto el ghee. Amasar esta mezcla hasta obtener una masa firme. Divida la masa en bolitas del tamaño de una nuez para hacer las koftas.
- Calentar ghee para freír en una sartén. Agrega las koftas. Dóralos a fuego medio hasta que estén bien dorados. Escurrir y reservar.
- Para el curry, calienta el ghee en una cacerola. Añade la cebolla y el ajo. Saltee a fuego medio hasta que la cebolla se vuelva transparente. Agrega el cilantro molido y el garam masala. Freír durante 2-3 minutos.
- Agrega los tomates, las hojas de curry, la sal y el agua. Mezclar bien. Deja que la mezcla hierva a fuego lento durante 15 minutos, revolviendo ocasionalmente.
- Agrega las koftas fritas. Cubra con una tapa y continúe cocinando a fuego lento durante 2-3 minutos.
- Adorne con hojas de cilantro. Servir caliente.

Calabaza amarga con cebolla

Para 4 personas

Ingredientes

500g/1lb 2oz de calabazas amargas*

Sal al gusto

750 ml / 1¼ litro de agua

4 cucharadas de aceite vegetal refinado

½ cucharadita de semillas de comino

½ cucharadita de semillas de mostaza

Una pizca de asafétida

½ cucharadita de pasta de jengibre

½ cucharadita de pasta de ajo

2 cebollas grandes, finamente picadas

½ cucharadita de cúrcuma

1 cucharadita de chile en polvo

1 cucharadita de comino molido

1 cucharadita de cilantro molido

1 cucharadita de azúcar

Jugo de 1 limón

1 cucharada de hojas de cilantro, finamente picadas

Método

- Pelar las calabazas amargas y cortarlas en rodajas finas. Deseche las semillas.
- Cocínalas con la sal y el agua en una cacerola a fuego medio durante 5 a 7 minutos. Retirar del fuego, escurrir y exprimir el agua, reservar.
- Calentar el aceite en una cacerola. Agrega el comino y las semillas de mostaza. Déjalos crepitar durante 15 segundos.
- Agregue asafétida, pasta de jengibre y pasta de ajo. Freír la mezcla a fuego medio durante un minuto.
- Agrega las cebollas. Fríelos durante 2-3 minutos.
- Agregue la cúrcuma, el chile en polvo, el comino molido y el cilantro molido. Mezclar bien.
- Agrega la calabaza amarga, el azúcar y el jugo de limón. Mezclar bien. Cubra con una tapa y cocine la mezcla a fuego lento durante 6-7 minutos, revolviendo a intervalos regulares.
- Adorne con hojas de cilantro. Servir caliente.

Sukha Khatta Chana

(Garbanzos Agrios Secos)

Para 4 personas

Ingredientes

4 granos de pimienta negra

2 dientes

2,5 cm de canela

½ cucharadita de semillas de cilantro

½ cucharadita de semillas de comino negro

½ cucharadita de semillas de comino

500 g/1 lb 2 oz de garbanzos, remojados durante la noche

Sal al gusto

1 litro de agua

1 cucharada de semillas de granada secas

Sal al gusto

1 cm/½ de raíz de jengibre finamente picada

1 chile verde, picado

2 cucharaditas de pasta de tamarindo

2 cucharadas de ghee

1 papa pequeña, cortada en cubitos

1 tomate, finamente picado

Método

- Para la mezcla de especias, muele los granos de pimienta, el clavo, la canela, el cilantro, las semillas de comino negro y las semillas de comino hasta obtener un polvo fino. Poner a un lado.
- Mezclar los garbanzos con la sal y el agua. Cocina esta mezcla en una cacerola a fuego medio durante 45 minutos. Poner a un lado.
- Tostar en seco las semillas de granada en una sartén a fuego medio durante 2-3 minutos. Retirar del fuego y triturar hasta convertirlo en polvo. Mezclar con sal y tostar en seco la mezcla nuevamente durante 5 minutos. Transfiera a una cacerola.
- Agrega el jengibre, el chile verde y la pasta de tamarindo. Cocine esta mezcla a fuego medio durante 4-5 minutos. Agrega la mezcla de especias molidas. Mezcle bien y deje reposar.
- Calienta el ghee en otra sartén. Agrega las patatas. Dorarlos a fuego medio hasta que estén dorados.
- Añade las patatas fritas a los garbanzos cocidos. Agregue también la mezcla de especias de tamarindo molido.
- Mezclar bien y cocinar a fuego lento durante 5 a 6 minutos.

Karela Bharwan

(calabaza amarga rellena)

Para 4 personas

Ingredientes

500 g/1 lb 2 oz de calabazas amargas pequeñas*

Sal al gusto

1 cucharadita de cúrcuma

Aceite vegetal refinado para freír.

Para el relleno:

5-6 chiles verdes

2,5 cm de raíz de jengibre

12 dientes de ajo

3 cebollas pequeñas

1 cucharada de aceite vegetal refinado

4 patatas grandes, hervidas y trituradas

½ cucharadita de cúrcuma

½ cucharadita de chile en polvo

1 cucharadita de comino molido

1 cucharadita de cilantro molido

Una pizca de asafétida

Sal al gusto

Método

- Pelar las calabazas amargas. Córtalas con cuidado a lo largo, manteniendo intactas las bases. Retire las semillas y la pulpa y deséchelas. Frote sal y cúrcuma en las cáscaras exteriores. Déjalos reposar durante 4-5 horas.
- Para el relleno, muele los chiles, el jengibre, el ajo y la cebolla hasta formar una pasta. Poner a un lado.
- Calienta 1 cucharada de aceite en una sartén. Agrega la pasta de cebolla, jengibre y ajo. Dóralo a fuego medio durante 2-3 minutos.
- Agrega el resto de los ingredientes del relleno. Mezclar bien. Freír la mezcla a fuego medio durante 3-4 minutos.
- Retirar del fuego y enfriar la mezcla. Rellena esta mezcla con la calabaza. Ata cada calabaza con un hilo para que no se caiga el relleno durante la cocción.
- Calentar el aceite para freír en una sartén. Agrega la calabaza rellena. Fríelos a fuego medio hasta que se doren y estén crujientes, dándoles la vuelta con frecuencia.
- Retire las calabazas amargas y deseche los hilos. Servir caliente.

Curry kofta con repollo

(empanadillas de repollo en salsa)

Para 4 personas

Ingredientes

1 repollo grande, rallado

250 g/9 oz de besan*

Sal al gusto

Aceite vegetal refinado para freír.

2 cucharadas de hojas de cilantro, para decorar

Para la salsa:

3 cucharadas de aceite vegetal refinado

3 hojas de laurel

1 cardamomo negro

1 cm/½ en canela

1 diente

1 cebolla grande,

picado muy fino

2,5 cm de raíz de jengibre cortada en juliana

3 tomates, finamente picados

1 cucharadita de cilantro molido

1 cucharadita de comino molido

Sal al gusto

250ml de agua

Método

- Amasar el repollo, el besan y la sal hasta obtener una masa suave. Divida la masa en bolitas del tamaño de una nuez.
- Calienta aceite en una sartén. Agrega las bolas. Fríelos a fuego medio hasta que estén dorados. Escurrir y reservar.
- Para la salsa, calentar el aceite en una cacerola. Agrega las hojas de laurel, el cardamomo, la canela y el clavo. Déjalos crepitar durante 30 segundos.
- Agrega la cebolla y el jengibre. Saltee esta mezcla a fuego medio hasta que la cebolla se vuelva transparente.
- Agrega los tomates, el cilantro molido y el comino molido. Mezclar bien. Freír durante 2-3 minutos.
- Agrega sal y agua. Revuelva por un minuto. Cubra con una tapa y cocine a fuego lento durante 5 minutos.
- Destapa la sartén y agrega las bolas de kofta. Cocine a fuego lento durante otros 5 minutos, revolviendo ocasionalmente.
- Adorne con hojas de cilantro. Servir caliente.

gojju de piña

(Compota de piña picante)

Para 4 personas

Ingredientes

3 cucharadas de aceite vegetal refinado

250ml de agua

1 cucharadita de semillas de mostaza

6 hojas de curry, trituradas

Una pizca de asafétida

½ cucharadita de cúrcuma

Sal al gusto

400 g/14 oz de piña picada

Para la mezcla de especias:

4 cucharadas de coco fresco, rallado

3 chiles verdes

2 pimientos rojos

½ cucharadita de semillas de hinojo

½ cucharadita de semillas de fenogreco

1 cucharadita de semillas de comino

2 cucharaditas de semillas de cilantro

1 manojo pequeño de hojas de cilantro

1 diente

2-3 granos de pimienta

Método

- Mezcle todos los ingredientes de la mezcla de especias.
- Calienta 1 cucharada de aceite en una cacerola. Agrega la mezcla de especias. Cocínalo a fuego medio durante 1 a 2 minutos, revolviendo frecuentemente. Retirar del fuego y triturar con la mitad del agua hasta formar una pasta suave. Poner a un lado.
- Calienta el aceite restante en una cacerola. Agrega las semillas de mostaza y las hojas de curry. Déjalos crepitar durante 15 segundos.
- Agrega la asafétida, la cúrcuma y la sal. Freír por un minuto.
- Agrega la piña, la pasta de mezcla de especias y el resto del agua. Mezclar bien. Cubra con una tapa y cocine a fuego lento durante 8 a 12 minutos. Servir caliente.

Gojju de calabaza amarga

(Compota picante de calabaza amarga)

Para 4 personas

Ingredientes

Sal al gusto

4 calabazas amargas grandes*, pelado, partido a lo largo, sin semillas y en rodajas

6 cucharadas de aceite vegetal refinado

1 cucharadita de semillas de mostaza

8-10 hojas de curry

1 cebolla grande, rallada

3-4 dientes de ajo machacados

2 cucharaditas de chile en polvo

1 cucharadita de comino molido

½ cucharadita de cúrcuma

1 cucharadita de cilantro molido

2 cucharaditas de polvo de sambhar*

2 cucharaditas de coco fresco, rallado

1 cucharadita de semillas de fenogreco, tostadas en seco y molidas

2 cucharaditas de semillas de sésamo blanco, secas tostadas y molidas

2 cucharadas de azúcar moreno*, Derretido

½ cucharadita de pasta de tamarindo

250ml de agua

Una pizca de asafétida

Método

- Frote sal sobre las rodajas de calabaza amarga. Colócalos en un bol y cúbrelo con papel de aluminio. Dejar reposar durante 30 minutos. Exprima el exceso de humedad.
- Calienta la mitad del aceite en una cacerola. Agrega las calabazas amargas. Dóralos a fuego medio hasta que estén bien dorados. Poner a un lado.
- Calienta el aceite restante en otra sartén. Agrega las semillas de mostaza y las hojas de curry. Déjalos crepitar durante 15 segundos.
- Añade la cebolla y el ajo. Saltee esta mezcla a fuego medio hasta que la cebolla se dore.
- Agregue chile en polvo, comino molido, cúrcuma, cilantro molido, sambhar en polvo y coco. Freír durante 2-3 minutos.
- Añade el resto de ingredientes, excepto el agua y la asafétida. Freír por un minuto más.
- Agrega la calabaza amarga frita, un poco de sal y agua. Mezclar bien. Cubra con una tapa y cocine a fuego lento durante 12 a 15 minutos.
- Añade la asafétida. Mezclar bien. Servir caliente.

Baingan Mirchi ka Salan

(Berenjena y ají)

Para 4 personas

Ingredientes

6 pimientos verdes enteros

4 cucharadas de aceite vegetal refinado

600 g/1 libra 5 oz de berenjenas pequeñas, cortadas en cuartos

4 chiles verdes

1 cucharadita de semillas de sésamo

10 anacardos

20-25 maní

5 granos de pimienta negra

¼ de cucharadita de semillas de fenogreco

¼ cucharadita de semillas de mostaza

1 cucharadita de pasta de jengibre

1 cucharadita de pasta de ajo

1 cucharadita de cilantro molido

1 cucharadita de comino molido

½ cucharadita de cúrcuma

125g/4½oz de yogur

2 cucharaditas de pasta de tamarindo

3 pimientos rojos enteros

Sal al gusto

1 litro de agua

Método

- Quita las semillas y corta los pimientos verdes en tiras largas.
- Calienta 1 cucharada de aceite en una cacerola. Agrega los pimientos verdes y saltea a fuego medio durante 1-2 minutos. Poner a un lado.
- Calienta 2 cucharadas de aceite en otra sartén. Agrega las berenjenas y los chiles verdes. Dorar a fuego medio durante 2-3 minutos. Poner a un lado.
- Calienta una sartén y tuesta en seco las semillas de sésamo, los anacardos, el maní y los granos de pimienta a fuego medio durante 1 a 2 minutos. Retirar del fuego y triturar en trozos grandes la mezcla.
- Calienta el aceite restante en una cacerola. Agregue semillas de fenogreco, semillas de mostaza, pasta de jengibre, pasta de ajo, cilantro molido, comino molido, cúrcuma y una mezcla de semillas de sésamo y anacardos. Freír a fuego medio durante 2-3 minutos.
- Agrega los pimientos verdes salteados, las berenjenas salteadas y todos los ingredientes restantes. Deje cocinar a fuego lento durante 10-12 minutos.
- Servir caliente.

Pollo con verduras

Para 4 personas

Ingredientes

750 g/1 lb 10 oz de pollo, cortado en 8 trozos

50 g/1¾ oz de espinacas, finamente picadas

25 g/sólo 1 oz de hojas frescas de fenogreco, finamente picadas

100 g/3½ oz de hojas de cilantro, finamente picadas

50 g/1¾ oz de hojas de menta, finamente picadas

6 chiles verdes, finamente picados

120 ml/4 fl oz de aceite vegetal refinado

2-3 cebollas grandes, en rodajas finas

Sal al gusto

Método

- Mezcle todos los ingredientes de la marinada. Marina el pollo con esta mezcla durante una hora.
- Muele las espinacas, las hojas de fenogreco, las hojas de cilantro y las hojas de menta con chiles verdes para hacer una pasta suave. Mezcla esta pasta con el pollo marinado. Poner a un lado.
- Calentar el aceite en una cacerola. Agrega las cebollas. Dorarlos a fuego medio hasta que se doren.

- Agrega la mezcla de pollo y la sal. Mezclar bien. Cubra con una tapa y cocine a fuego lento durante 40 minutos, revolviendo ocasionalmente. Servir caliente.

Para la marinada:

1 cucharadita de garam masala

1 cucharadita de cilantro molido

1 cucharadita de comino molido

200 g/7 oz de yogur

¼ cucharadita de cúrcuma

1 cucharadita de chile en polvo

1 cucharadita de pasta de jengibre

1 cucharadita de pasta de ajo

Pollo tikka masala

Para 4 personas

Ingredientes

200 g/7 oz de yogur

½ cucharada de pasta de jengibre

½ cucharada de pasta de ajo

Un toque de colorante alimentario naranja.

2 cucharadas de aceite vegetal refinado

500 g/1 lb 2 oz de pollo deshuesado, cortado en trozos pequeños

1 cucharada de mantequilla

6 tomates, finamente picados

2 cebollas grandes

½ cucharadita de pasta de jengibre

½ cucharadita de pasta de ajo

½ cucharadita de cúrcuma

1 cucharada de garam masala

1 cucharadita de chile en polvo

Sal al gusto

1 cucharada de hojas de cilantro, finamente picadas

Método

- Para el tikka, mezcla el yogur, la pasta de jengibre, la pasta de ajo, el colorante alimentario y 1 cucharada de aceite. Marina el pollo con esta mezcla durante 5 horas.
- Asa el pollo marinado durante 10 minutos. Poner a un lado.
- Calentar la mantequilla en una cacerola. Agrega los tomates. Dóralos a fuego medio durante 3-4 minutos. Retirar del fuego y mezclar hasta formar una pasta suave. Poner a un lado.
- Muele la cebolla hasta obtener una pasta suave.
- Calienta el aceite restante en una cacerola. Agrega la pasta de cebolla. Freírlo a fuego medio hasta que se dore.

- Agrega la pasta de jengibre y la pasta de ajo. Freír por un minuto.
- Agrega la cúrcuma, el garam masala, el chile en polvo y la pasta de tomate. Mezclar bien. Saltee la mezcla durante 3-4 minutos.
- Agrega sal y el pollo asado. Mezcla suavemente hasta que la salsa cubra el pollo.
- Adorne con hojas de cilantro. Servir caliente.

Pollo relleno picante en rica salsa

Para 4 personas

Ingredientes

½ cucharadita de chile en polvo

½ cucharadita de garam masala

4 cucharaditas de pasta de jengibre

4 cucharaditas de pasta de ajo

Sal al gusto

8 pechugas de pollo, aplanadas

4 cebollas grandes, finamente picadas

5 cm de raíz de jengibre finamente picada

5 chiles verdes, finamente picados

200 g/7 oz de peces koi*

2 cucharadas de jugo de limón

50 g/1¾ oz de hojas de cilantro, finamente picadas

15 anacardos

5 cucharaditas de coco rallado

30g/1oz de almendras laminadas

1 cucharadita de azafrán remojada en 1 cucharada de leche

150 g/5½ oz de ghee

200 g/7 oz de yogur batido

Método

- Mezcla el chile en polvo, el garam masala, la mitad de la pasta de jengibre, la mitad de la pasta de ajo y un poco de sal. Marina las pechugas de pollo con esta mezcla durante 2 horas.
- Mezcla la mitad de las cebollas con jengibre picado, chiles verdes, khoya, jugo de limón, sal y la mitad de las hojas de cilantro. Divide esta mezcla en 8 porciones iguales.
- Coloque cada porción en el extremo angosto de cada pechuga de pollo y enrolle hacia adentro para sellar la pechuga. Poner a un lado.
- Precalienta el horno a 200°C (400°F, marca de gas 6). Coloque las pechugas de pollo rellenas en una bandeja engrasada y ase durante 15-20 minutos hasta que se doren. Poner a un lado.
- Muele los anacardos y el coco juntos para hacer una pasta suave. Poner a un lado.
- Remojar las almendras en la mezcla de leche con azafrán. Poner a un lado.
- Calienta el ghee en una cacerola. Agrega las cebollas restantes. Dóralos a fuego medio hasta que se vuelvan traslúcidos. Agrega el resto de la pasta de jengibre y la pasta de ajo. Freír la mezcla por un minuto.
- Agrega la pasta de anacardo y coco. Freír por un minuto. Agrega el yogur y las pechugas de pollo asadas. Mezclar bien. Cocine a fuego lento durante 5 a 6 minutos, revolviendo frecuentemente. Agrega la mezcla

de almendras y azafrán. Mezclar suavemente. Deje cocinar a fuego lento durante 5 minutos.

- Adorne con hojas de cilantro. Servir caliente.

Masala De Pollo Picante

Para 4 personas

Ingredientes

6 pimientos rojos secos enteros

2 cucharadas de semillas de cilantro

6 vainas de cardamomo verde

6 dientes

5 cm canela

2 cucharaditas de semillas de hinojo

½ cucharadita de granos de pimienta negra

120 ml/4 fl oz de aceite vegetal refinado

2 cebollas grandes, cortadas en rodajas

1 cm/½ de raíz de jengibre rallado

8 dientes de ajo machacados

2 tomates grandes, finamente picados

3-4 hojas de laurel

1 kg de pollo cortado en 12 trozos

½ cucharadita de cúrcuma

Sal al gusto

500 ml/16 onzas de agua

100 g/3½ oz de hojas de cilantro, finamente picadas

Método

- Mezcle chiles rojos, semillas de cilantro, cardamomo, clavo, canela, semillas de hinojo y granos de pimienta.
- Tostar en seco la mezcla y molerla hasta convertirla en polvo. Poner a un lado.
- Calentar el aceite en una cacerola. Agrega las cebollas. Dorarlos a fuego medio hasta que se doren.
- Agrega el jengibre y el ajo. Freír por un minuto.
- Agrega los tomates, las hojas de laurel, el chile rojo molido y las semillas de cilantro. Continúe friendo durante 2-3 minutos.
- Agrega el pollo, la cúrcuma, la sal y el agua. Mezclar bien. Cubra con una tapa y cocine a fuego lento durante 40 minutos, revolviendo a intervalos regulares.
- Adorna el pollo con las hojas de cilantro. Servir caliente.

pollo de cachemira

Para 4 personas

Ingredientes

- 2 cucharadas de vinagre de malta
- 2 cucharaditas de hojuelas de chile
- 2 cucharaditas de semillas de mostaza
- 2 cucharaditas de semillas de comino
- ½ cucharadita de granos de pimienta negra
- 7,5 cm/3 pulgadas canela
- 10 dientes
- 75 g/2½ oz de ghee
- 1 kg de pollo cortado en 12 trozos
- 1 cucharada de aceite vegetal refinado
- 4 hojas de laurel
- 4 cebollas medianas, finamente picadas
- 1 cucharada de pasta de jengibre
- 1 cucharada de pasta de ajo
- 3 tomates, finamente picados
- 1 cucharadita de cúrcuma
- 500 ml/16 onzas de agua

Sal al gusto

20 anacardos, molidos

6 hebras de azafrán remojadas en el zumo de 1 limón

Método

- Mezclar el vinagre de malta con las hojuelas de chile, las semillas de mostaza, las semillas de comino, los granos de pimienta, la canela y el clavo. Muele esta mezcla hasta obtener una pasta suave. Poner a un lado.
- Calienta el ghee en una cacerola. Agrega los trozos de pollo y fríe a fuego medio hasta que estén dorados. Escurrir y reservar.
- Calentar el aceite en una cacerola. Agrega las hojas de laurel y la cebolla. Saltee esta mezcla a fuego medio hasta que las cebollas se doren.
- Agrega la pasta de vinagre. Mezclar bien y cocinar a fuego lento durante 7 a 8 minutos.
- Agrega la pasta de jengibre y la pasta de ajo. Freír esta mezcla por un minuto.
- Agrega los tomates y la cúrcuma. Mezclar bien y cocinar a fuego medio durante 2-3 minutos.
- Agrega el pollo frito, el agua y la sal. Mezclar bien para cubrir el pollo. Cubra con una tapa y cocine a fuego lento durante 30 minutos, revolviendo ocasionalmente.
- Añade los anacardos y el azafrán. Continúe cocinando a fuego lento durante 5 minutos. Servir caliente.

pollo al ron

Para 4 personas

Ingredientes

1 cucharadita de garam masala

1 cucharadita de chile en polvo

1 kg de pollo cortado en 8 trozos

6 dientes de ajo

4 granos de pimienta negra

4 dientes

½ cucharadita de semillas de comino

2,5 cm de canela

50 g/1¾ oz de coco fresco rallado

4 almendras

1 vaina de cardamomo verde

1 cucharada de semillas de cilantro

300 ml/10 onzas líquidas de agua

75 g/2½ oz de ghee

3 cebollas grandes, finamente picadas

Sal al gusto

½ cucharadita de azafrán

120 ml de ron oscuro

1 cucharada de hojas de cilantro, finamente picadas

Método

- Mezcla el garam masala y el chile en polvo. Marina el pollo con esta mezcla durante 2 horas.
- Ase en seco el ajo, los granos de pimienta, los clavos, las semillas de comino, la canela, el coco, las almendras, el cardamomo y las semillas de cilantro.
- Triturar con 60 ml de agua hasta obtener una pasta suave. Poner a un lado.
- Calienta el ghee en una cacerola. Agrega las cebollas y saltea a fuego medio hasta que estén transparentes.
- Agrega la pasta de ajo y pimienta. Mezclar bien. Freír la mezcla durante 3-4 minutos.
- Agrega el pollo marinado y la sal. Mezclar bien. Continúe friendo durante 3-4 minutos, revolviendo ocasionalmente.
- Añade 240 ml de agua. Revuelva suavemente. Cubra con una tapa y cocine a fuego lento durante 40 minutos, revolviendo a intervalos regulares.
- Añade el azafrán y el ron. Mezclar bien y continuar cocinando a fuego lento durante 10 minutos.
- Adorne con hojas de cilantro. Servir caliente.

Pollo Shahjahani

(Pollo en salsa picante)

Para 4 personas

Ingredientes

5 cucharadas de aceite vegetal refinado

2 hojas de laurel

5 cm canela

6 vainas de cardamomo verde

½ cucharadita de semillas de comino

8 dientes

3 cebollas grandes, finamente picadas

1 cucharadita de cúrcuma

1 cucharadita de chile en polvo

1 cucharadita de pasta de jengibre

1 cucharadita de pasta de ajo

Sal al gusto

75 g/2½ oz de anacardos molidos

150 g/5½ oz de yogur batido

1 kg de pollo cortado en 8 trozos

2 cucharadas de crema para batir

¼ de cucharadita de cardamomo negro molido

10 g/¼ oz de hojas de cilantro, finamente picadas

Método

- Calentar el aceite en una cacerola. Agrega las hojas de laurel, la canela, el cardamomo, las semillas de comino y los clavos. Déjalos crepitar durante 15 segundos.
- Agrega las cebollas, la cúrcuma y el chile en polvo. Dorar la mezcla a fuego medio durante 1 a 2 minutos.
- Agrega la pasta de jengibre y la pasta de ajo. Freír durante 2-3 minutos, revolviendo constantemente.
- Agrega sal y anacardos molidos. Mezclar bien y freír un minuto más.
- Agrega el yogur y el pollo. Revuelva suavemente hasta que la mezcla cubra los trozos de pollo.
- Cubrir con una tapa y cocinar la mezcla a fuego lento durante 40 minutos, revolviendo frecuentemente.
- Destapa la cacerola y agrega la nata y el cardamomo molido. Revuelva suavemente durante 5 minutos.
- Adorna el pollo con las hojas de cilantro. Servir caliente.

pollo de pascua

Para 4 personas

Ingredientes

1 cucharadita de jugo de limón

1 cucharadita de pasta de jengibre

1 cucharadita de pasta de ajo

Sal al gusto

1 kg de pollo cortado en 8 trozos

2 cucharadas de semillas de cilantro

12 dientes de ajo

2,5 cm de raíz de jengibre

1 cucharadita de semillas de comino

8 pimientos rojos

4 dientes

2,5 cm de canela

1 cucharadita de cúrcuma

1 litro de agua

4 cucharadas de aceite vegetal refinado

3 cebollas grandes, finamente picadas

4 chiles verdes, partidos a lo largo

3 tomates, finamente picados

1 cucharadita de pasta de tamarindo

2 patatas grandes, cortadas en cuartos

Método

- Mezcle el jugo de limón, la pasta de jengibre, la pasta de ajo y la sal. Marina los trozos de pollo con esta mezcla durante 2 horas.
- Mezcle semillas de cilantro, ajo, jengibre, semillas de comino, chiles rojos, clavo, canela y cúrcuma.
- Muele esta mezcla con la mitad del agua para hacer una pasta suave. Poner a un lado.
- Calentar el aceite en una cacerola. Agrega las cebollas. Dóralos a fuego medio hasta que se vuelvan traslúcidos.
- Agregue los chiles verdes y la pasta de semillas de ajo y cilantro. Freír esta mezcla durante 3-4 minutos.
- Agrega los tomates y la pasta de tamarindo. Continúe friendo durante 2-3 minutos.
- Agrega el pollo marinado, las patatas y el agua restante. Mezclar bien. Cubra con una tapa y cocine a fuego lento durante 40 minutos, revolviendo a intervalos regulares.
- Servir caliente.

Pato picante con patatas

Para 4 personas

Ingredientes

1 cucharadita de cilantro molido

2 cucharaditas de chile en polvo

¼ cucharadita de cúrcuma

5 cm canela

6 dientes

4 vainas de cardamomo verde

1 cucharadita de semillas de hinojo

60 ml/2 fl oz de aceite vegetal refinado

4 cebollas grandes, en rodajas finas

5 cm de raíz de jengibre rallada

8 dientes de ajo

6 chiles verdes, partidos a lo largo

3 patatas grandes, cortadas en cuartos

1 kg de pato cortado en 8 a 10 trozos

2 cucharaditas de vinagre de malta

750 ml/1¼ pinta de leche de coco

Sal al gusto

1 cucharadita de ghee

1 cucharadita de semillas de mostaza

2 chalotes, rebanados

8 hojas de curry

Método

- Mezcle cilantro, chile en polvo, cúrcuma, canela, clavo, cardamomo y semillas de hinojo. Muele esta mezcla hasta convertirla en polvo. Poner a un lado.
- Calentar el aceite en una cacerola. Agrega la cebolla, el jengibre, el ajo y los chiles verdes. Freír a fuego medio durante 2-3 minutos.
- Agrega la mezcla de especias en polvo. Saltee durante 2 minutos.
- Agrega las patatas. Continúe friendo durante 3-4 minutos.
- Agrega el pato, el vinagre de malta, la leche de coco y la sal. Revuelva durante 5 minutos. Cubrir con una tapa y cocinar la mezcla a fuego lento durante 40 minutos, revolviendo frecuentemente. Una vez cocido el pato, retirar del fuego y reservar.
- Calienta el ghee en una cacerola pequeña. Agrega las semillas de mostaza, las chalotas y las hojas de curry. Saltee a fuego alto durante 30 segundos.
- Vierta esto sobre el pato. Mezclar bien. Servir caliente.

Pechuga de pato

(Pato al curry sencillo)

Para 4 personas

Ingredientes

1 kg de pato cortado en 12 trozos

Sal al gusto

1 cucharada de cilantro molido

1 cucharadita de comino molido

6 granos de pimienta negra

4 dientes

2 vainas de cardamomo verde

2,5 cm de canela

120 ml/4 fl oz de aceite vegetal refinado

3 cebollas grandes, finamente picadas

5 cm de raíz de jengibre, en rodajas finas

3 chiles verdes, finamente picados

½ cucharadita de azúcar

2 cucharadas de vinagre de malta

360 ml de agua

Método

- Marinar los trozos de pato con sal durante una hora.
- Mezcle cilantro molido, comino molido, granos de pimienta, clavo, cardamomo y canela. Tuesta esta mezcla en seco en una sartén a fuego medio durante 1 a 2 minutos.
- Retirar del fuego y triturar hasta obtener un polvo fino. Poner a un lado.
- Calentar el aceite en una cacerola. Añade los trozos de pato marinado. Dorarlos a fuego medio hasta que se doren. Voltéalas de vez en cuando para asegurarte de que no se quemen. Escurrir y reservar.
- Calienta el mismo aceite y agrega las cebollas. Dorarlos a fuego medio hasta que se doren.
- Agrega el jengibre y los chiles verdes. Continúe friendo durante 1-2 minutos.
- Agrega el azúcar, el vinagre de malta y el cilantro y el comino en polvo. Revuelva durante 2-3 minutos.
- Añade los trozos de pato frito con el agua. Mezclar bien. Cubra con una tapa y cocine a fuego lento durante 40 minutos, revolviendo ocasionalmente.
- Servir caliente.

Bharwa Murgh Kaju

(Pollo relleno de anacardos)

Para 4 personas

Ingredientes

3 cucharaditas de pasta de jengibre

3 cucharaditas de pasta de ajo

10 anacardos, molidos

1 cucharadita de chile en polvo

1 cucharadita de garam masala

Sal al gusto

8 pechugas de pollo, aplanadas

4 cebollas grandes, finamente picadas

200 g/7 oz de peces koi*

6 chiles verdes, finamente picados

25 g/sólo 1 oz de hojas de menta, finamente picadas

25 g / 1 oz de hojas de cilantro, finamente picadas

2 cucharadas de jugo de limón

75 g/2½ oz de ghee

75 g/2½ oz de anacardos molidos

400 g/14 oz de yogur batido

2 cucharaditas de garam masala

2 cucharaditas de azafrán remojadas en 2 cucharadas de leche caliente

Sal al gusto

Método

- Mezclar la mitad de la pasta de jengibre y la mitad de la pasta de ajo con los anacardos molidos, el chile en polvo, el garam masala y un poco de sal.
- Marina las pechugas de pollo con esta mezcla durante 30 minutos.
- Mezcla la mitad de las cebollas con el khoya, los chiles verdes, las hojas de menta, las hojas de cilantro y el jugo de limón. Divide esta mezcla en 8 porciones iguales.
- Coloque una pechuga de pollo marinada. Coloque allí una porción de la mezcla de cebolla y khoya. Enrollar como si fuera una envoltura.
- Repite este proceso para el resto de las pechugas de pollo.
- Engrasa una fuente para horno y coloca las pechugas de pollo rellenas dentro, con los extremos libres hacia abajo.
- Ase el pollo en el horno a 200°C (400°F, marca de gas 6) durante 20 minutos. Poner a un lado.
- Calienta el ghee en una cacerola. Agrega las cebollas restantes. Dóralos a fuego medio hasta que se vuelvan traslúcidos.

- Agrega el resto de la pasta de jengibre y la pasta de ajo. Freír la mezcla durante 1-2 minutos.
- Agrega los anacardos molidos, el yogur y el garam masala. Revuelva durante 1-2 minutos.
- Añade los rollitos de pollo asado, la mezcla de azafrán y un poco de sal. Mezclar bien. Cubra con una tapa y cocine a fuego lento durante 15-20 minutos. Servir caliente.

Pollo masala con yogur

Para 4 personas

Ingredientes

1 kg de pollo cortado en 12 trozos

7,5 cm de raíz de jengibre rallada

10 dientes de ajo machacados

½ cucharadita de chile en polvo

½ cucharadita de garam masala

½ cucharadita de cúrcuma

2 chiles verdes

Sal al gusto

200 g/7 oz de yogur

½ cucharadita de semillas de comino

1 cucharadita de semillas de cilantro

4 dientes

4 granos de pimienta negra

2,5 cm de canela

4 vainas de cardamomo verde

6-8 almendras

5 cucharadas de ghee

4 cebollas medianas, finamente picadas

250ml de agua

1 cucharada de hojas de cilantro, finamente picadas

Método

- Pincha los trozos de pollo con un tenedor. Poner a un lado.
- Mezcla la mitad del jengibre y el ajo con el chile en polvo, el garam masala, la cúrcuma, los chiles verdes y la sal. Muele esta mezcla hasta obtener una pasta suave. Batir la masa con el yogur.
- Marina el pollo con esta mezcla durante 4-5 horas. Poner a un lado.
- Calienta una cacerola. Tuesta en seco las semillas de comino, las semillas de cilantro, los clavos, los granos de pimienta, la canela, el cardamomo y las almendras. Poner a un lado.
- Calienta 4 cucharadas de ghee en una cacerola de fondo grueso. Agrega las cebollas. Dóralos a fuego medio hasta que se vuelvan traslúcidos.
- Agrega el jengibre y el ajo restantes. Freír durante 1-2 minutos.
- Retirar del fuego y moler esta mezcla con la mezcla seca de comino tostado y cilantro para obtener una pasta suave.

- Calienta el ghee restante en una cacerola. Agrega la pasta y sofríe a fuego medio durante 2-3 minutos.
- Agrega el pollo marinado y sofríe por otros 3-4 minutos.
- Agrega el agua. Revuelva suavemente durante un minuto. Cubra con una tapa y cocine a fuego lento durante 30 minutos, revolviendo a intervalos regulares.
- Decorar con hojas de cilantro y servir caliente.

Pollo Dhansak

(Pollo cocinado al estilo parsi)

Para 4 personas

Ingredientes

75 g/2½ oz de toor dhal*

75 g/2½ oz de dhal mung*

75 g/2½ oz de masoor dhal*

75 g/2½ oz de chana dhal*

1 berenjena pequeña, finamente picada

25 g/sólo 1 oz de calabaza, finamente picada

Sal al gusto

1 litro de agua

8 granos de pimienta negra

6 dientes

2,5 cm de canela

Una pizca de maza

2 hojas de laurel

1 anís estrellado

3 pimientos rojos secos

2 cucharadas de aceite vegetal refinado

50 g/1¾ oz de hojas de cilantro, finamente picadas

50 g/1¾ oz de hojas frescas de fenogreco, finamente picadas

50 g/1¾ oz de hojas de menta, finamente picadas

750 g/1 lb 10 oz de pollo deshuesado, cortado en 12 trozos

1 cucharadita de cúrcuma

¼ cucharadita de nuez moscada rallada

1 cucharada de pasta de ajo

1 cucharada de pasta de jengibre

1 cucharada de pasta de tamarindo

Método

- Mezclar los dhals con la berenjena, la calabaza, la sal y la mitad del agua. Cocina esta mezcla en una cacerola a fuego medio durante 45 minutos.
- Retirar del fuego y reducir esta mezcla hasta obtener una pasta suave. Poner a un lado.
- Mezcle los granos de pimienta, el clavo, la canela, la macis, las hojas de laurel, el anís estrellado y los pimientos rojos. Ase en seco la mezcla a fuego medio durante 2-3 minutos. Retirar del fuego y triturar hasta obtener un polvo fino. Poner a un lado.
- Calentar el aceite en una cacerola. Agrega el cilantro, el fenogreco y las hojas de menta. Dóralos a fuego medio durante 1 a 2 minutos. Retirar del fuego y reducir hasta obtener una pasta. Poner a un lado.
- Mezcle el pollo con cúrcuma, nuez moscada, pasta de ajo, pasta de jengibre, pasta dhal y el agua restante.

Cocina esta mezcla en una cacerola a fuego medio durante 30 minutos, revolviendo ocasionalmente.

- Agrega la pasta de hojas de cilantro, fenogreco y menta. Cocine durante 2-3 minutos.
- Agrega el clavo en polvo y la pasta de tamarindo. Mezclar bien. Revuelve la mezcla a fuego lento durante 8 a 10 minutos.
- Servir caliente.

Chatpata De Pollo

(Tarta de pollo)

Para 4 personas

Ingredientes

500 g/1 libra 2 oz de pollo deshuesado, cortado en trozos pequeños

2 cucharadas de aceite vegetal refinado

150 g/5½ oz de floretes de coliflor

200 g/7 oz de champiñones, rebanados

1 zanahoria grande, en rodajas

1 pimiento verde grande, sin semillas y picado

Sal al gusto

½ cucharadita de pimienta negra molida

10-15 hojas de curry

5 chiles verdes, finamente picados

5 cm de raíz de jengibre finamente picada

10 dientes de ajo, finamente picados

4 cucharadas de puré de tomate

4 cucharadas de hojas de cilantro, finamente picadas

Para la marinada:

125g/4½oz de yogur

1½ cucharadas de pasta de jengibre

1½ cucharadas de pasta de ajo

1 cucharadita de chile en polvo

1 cucharadita de garam masala

Sal al gusto

Método

- Mezcle todos los ingredientes de la marinada.
- Marina el pollo con esta mezcla durante 1 hora.
- Calentar media cucharada de aceite en una cacerola. Agrega la coliflor, los champiñones, la zanahoria, el pimiento verde, la sal y la pimienta negra molida. Mezclar bien. Freír la mezcla a fuego medio durante 3-4 minutos. Poner a un lado.
- Calienta el aceite restante en otra sartén. Agrega las hojas de curry y los chiles verdes. Dóralos a fuego medio durante un minuto.
- Agrega el jengibre y el ajo. Freír por un minuto más.
- Agrega el pollo marinado y las verduras fritas. Freír durante 4-5 minutos.
- Agrega el puré de tomate. Mezclar bien. Cubra con una tapa y cocine la mezcla a fuego lento durante 40 minutos, revolviendo ocasionalmente.
- Adorne con hojas de cilantro. Servir caliente.

Masala de pato con leche de coco

Para 4 personas

Ingredientes

1 kg de pato cortado en 12 trozos

Aceite vegetal refinado para freír.

3 patatas grandes, picadas

750 ml / 1¼ litro de agua

4 cucharaditas de aceite de coco

1 cebolla grande, en rodajas finas

100 g/3½ oz de leche de coco

Para la mezcla de especias:

2 cucharaditas de cilantro molido

½ cucharadita de cúrcuma

1 cucharadita de pimienta negra molida

¼ cucharadita de semillas de comino

¼ de cucharadita de semillas de comino negro

2,5 cm de canela

9 dientes

2 vainas de cardamomo verde

8 dientes de ajo

2,5 cm de raíz de jengibre

1 cucharadita de vinagre de malta

Sal al gusto

Método
- Mezcle los ingredientes de la mezcla de especias y muela hasta obtener una pasta suave.
- Marinar el pato con esta pasta durante 2-3 horas.
- Calentar el aceite en una cacerola. Agrega las patatas y sofríe a fuego medio hasta que estén bien doradas. Escurrir y reservar.
- Calienta el agua en una cacerola. Agregue los trozos de pato marinado y cocine a fuego lento durante 40 minutos, revolviendo ocasionalmente. Poner a un lado.
- Calienta el aceite de coco en una sartén. Agrega la cebolla y sofríe a fuego medio hasta que se dore.
- Agrega la leche de coco. Cocine la mezcla durante 2 minutos, revolviendo frecuentemente.
- Retirar del fuego y añadir esta mezcla al pato hervido. Mezcle bien y cocine a fuego lento durante 5 a 10 minutos.
- Adorne con las patatas fritas. Servir caliente.

Pollo Dil Bahar

(Pollo Cremoso)

Para 4 personas

Ingredientes

4-5 cucharadas de aceite vegetal refinado

2 hojas de laurel

5 cm canela

3 vainas de cardamomo verde

4 dientes

2 cebollas grandes, finamente picadas

1 cucharadita de pasta de jengibre

1 cucharadita de pasta de ajo

2 cucharaditas de comino molido

2 cucharaditas de cilantro molido

½ cucharadita de cúrcuma

4 chiles verdes, partidos a lo largo

750 g/1 lb 10 oz de pollo deshuesado, cortado en 16 trozos

50 g/1¾ oz de cebolletas, finamente picadas

1 pimiento verde grande, finamente picado

1 cucharadita de garam masala

Sal al gusto

150 g/5½ oz de puré de tomate

125g/4½oz de yogur

250ml de agua

2 cucharadas de mantequilla

85 g/3 onzas de anacardos

500 ml de leche condensada

250 ml/8 fl oz de crema líquida

1 cucharada de hojas de cilantro, finamente picadas

Método

- Calentar el aceite en una cacerola. Agrega las hojas de laurel, la canela, el cardamomo y los clavos. Déjalos crepitar durante 30 segundos.
- Agrega la cebolla, la pasta de jengibre y la pasta de ajo. Saltee esta mezcla a fuego medio hasta que las cebollas estén doradas.
- Agregue comino molido, cilantro molido, cúrcuma y chiles verdes. Freír la mezcla durante 2-3 minutos.
- Agrega los trozos de pollo. Mezclar bien. Dorarlos durante 5 minutos.
- Añade las cebolletas, el pimiento verde, el garam masala y la sal. Continúe friendo durante 3-4 minutos.
- Agrega el puré de tomate, el yogur y el agua. Mezclar bien y cubrir con una tapa. Cocine la mezcla a fuego lento durante 30 minutos, revolviendo ocasionalmente.

- Mientras se cocina la mezcla de pollo, calienta la mantequilla en otra cacerola. Agrega los anacardos y sofríe a fuego medio hasta que estén dorados. Poner a un lado.
- Agrega la leche condensada y la crema a la mezcla de pollo. Mezclar bien y continuar cocinando a fuego lento durante 5 minutos.
- Agrega la mantequilla con los anacardos fritos y mezcla bien durante 2 minutos.
- Adorne con hojas de cilantro. Servir caliente.

Dum ka Murgh

(Pollo cocido a fuego lento)

Para 4 personas

Ingredientes

4 cucharadas de aceite vegetal refinado más extra para freír

3 cebollas grandes, en rodajas

10 almendras

10 anacardos

1 cucharada de coco rallado

1 cucharadita de pasta de jengibre

1 cucharadita de pasta de ajo

½ cucharadita de cúrcuma

1 cucharadita de chile en polvo

Sal al gusto

200 g/7 oz de yogur

1 kg/2¼ lb de pollo, finamente picado

1 cucharada de hojas de cilantro, picadas en trozos grandes

1 cucharada de hojas de menta, picadas en trozos grandes

½ cucharadita de azafrán

Método

- Calentar aceite para freír. Agrega las cebollas y saltea a fuego medio hasta que estén doradas. Escurrir y reservar.
- Mezclar las almendras, los anacardos y el coco. Ase en seco la mezcla. Muele con suficiente agua hasta formar una pasta suave.
- Calienta 4 cucharadas de aceite en una cacerola. Agregue la pasta de jengibre, la pasta de ajo, la cúrcuma y el chile en polvo. Freír a fuego medio durante 1-2 minutos.
- Agrega la pasta de almendras y anacardos, la cebolla frita, la sal y el yogur. Cocine durante 4-5 minutos.
- Transfiera a una fuente para hornear. Agrega el pollo, el cilantro y las hojas de menta. Mezclar bien.
- Espolvorea el azafrán por encima. Selle con papel de aluminio y cubra bien con una tapa. Hornee a 180°C (350°F, marca de gas 4) durante 40 minutos.
- Servir caliente.

Murgh Kheema Masala

(Pollo molido picante)

Para 4 personas

Ingredientes

60 ml/2 fl oz de aceite vegetal refinado

5 cm canela

4 dientes

2 vainas de cardamomo verde

½ cucharadita de semillas de comino

2 cebollas grandes, finamente picadas

1 cucharadita de cilantro molido

½ cucharadita de comino molido

½ cucharadita de cúrcuma

1 cucharadita de chile en polvo

2 cucharaditas de pasta de jengibre

3 cucharaditas de pasta de ajo

3 tomates, finamente picados

200 g/7 oz de guisantes congelados

1 kg de pollo picado

75 g/2½ oz de anacardos molidos

125g/4½oz de yogur

250ml de agua

Sal al gusto

4 cucharadas de crema para batir

25 g / 1 oz de hojas de cilantro, finamente picadas

Método

- Calentar el aceite en una cacerola. Agrega la canela, el clavo, el cardamomo y las semillas de comino. Déjalos crepitar durante 15 segundos.
- Agrega la cebolla, el cilantro molido, el comino molido, la cúrcuma y el chile en polvo. Freír a fuego medio durante 1-2 minutos.
- Agrega la pasta de jengibre y la pasta de ajo. Continúe friendo por un minuto.
- Agrega los tomates, los guisantes y el pollo picado. Mezclar bien. Cocine esta mezcla a fuego lento durante 10 a 15 minutos, revolviendo ocasionalmente.
- Agrega el yogur, el agua y la sal. Mezclar bien. Cubra con una tapa y cocine a fuego lento durante 20-25 minutos.
- Adorne con crema y hojas de cilantro. Servir caliente.

Pollo Relleno Nawabi

Para 4 personas

Ingredientes

200 g/7 oz de yogur

2 cucharadas de jugo de limón

½ cucharadita de cúrcuma

Sal al gusto

1 kg/2¼ libra de pollo

100 g/3½ oz de pan rallado

Para el relleno:

120 ml/4 fl oz de aceite vegetal refinado

1½ cucharadita de pasta de jengibre

1½ cucharadita de pasta de ajo

2 cebollas grandes, finamente picadas

2 chiles verdes, finamente picados

½ cucharadita de chile en polvo

1 molleja de pollo, picada

1 hígado de pollo, picado

200 g/7 onzas de guisantes

2 zanahorias, cortadas en cubitos

50 g/1¾ oz de hojas de cilantro, finamente picadas

2 cucharadas de hojas de menta, finamente picadas

½ cucharadita de pimienta negra molida

½ cucharadita de garam masala

20 anacardos, picados

20 pasas

Método

- Batir el yogur con el jugo de limón, la cúrcuma y la sal. Marina el pollo con esta mezcla durante 1 a 2 horas.
- Para el relleno, calentar el aceite en una cacerola. Agrega la pasta de jengibre, la pasta de ajo y la cebolla y sofríe a fuego medio durante 1-2 minutos.
- Agregue los chiles verdes, el chile en polvo, la molleja de pollo y el hígado de pollo. Mezclar bien. Freír durante 3-4 minutos.
- Añade los guisantes, las zanahorias, las hojas de cilantro, las hojas de menta, el pimiento, el garam masala, los anacardos y las pasas. Revuelva durante 2 minutos. Cubra con una tapa y cocine a fuego lento durante 20 minutos, revolviendo ocasionalmente.
- Retirar del fuego y dejar enfriar.
- Rellena esta mezcla con el pollo marinado.
- Enrolle el pollo relleno en pan rallado y ase en un horno precalentado a 200°C (400°F, marca de gas 6) durante 50 minutos.
- Servir caliente.

Murgh ke Nazaré

(Pollo con Queso Cheddar y Paneer)

Para 4 personas

Ingredientes

Sal al gusto

½ cucharada de pasta de jengibre

½ cucharada de pasta de ajo

Jugo de 1 limón

750 g/1 lb 10 oz de trozos de pollo deshuesados, aplanados

75 g/2½ oz de paneer*, rallado

250 g/9 oz de pollo molido

75 g/2½ oz de queso cheddar rallado

1 cucharadita de cilantro molido

½ cucharadita de garam masala

½ cucharadita de cúrcuma

125 g/4½ oz de peces koi*

1 cucharadita de chile en polvo

2 huevos, cocidos y finamente picados

3 tomates, finamente picados

2 chiles verdes, finamente picados

2 cebollas grandes, finamente picadas

2 cucharadas de hojas de cilantro, picadas

½ cucharadita de jengibre en polvo

Para la salsa:

4 cucharadas de aceite vegetal refinado

½ cucharada de pasta de jengibre

½ cucharada de pasta de ajo

2 cebollas grandes, molidas

2 chiles verdes, finamente picados

½ cucharadita de cúrcuma

1 cucharadita de cilantro molido

½ cucharadita de pimienta blanca molida

½ cucharadita de comino molido

½ cucharadita de jengibre seco en polvo

200 g/7 oz de yogur

4 anacardos, molidos

4 almendras molidas

125 g/4½ oz de peces koi*

Método

- Mezcle sal, pasta de jengibre, pasta de ajo y jugo de limón. Marina el pollo con esta mezcla durante 1 hora. Poner a un lado.
- Mezclar el paneer con el pollo picado, el queso, el cilantro molido, el garam masala, la cúrcuma y el khoya.
- Unte esta mezcla sobre el pollo marinado. Espolvoree chile en polvo, huevos, tomates, chiles verdes, cebollas, hojas de cilantro y jengibre en polvo. Enrolle el pollo como si fuera una envoltura y séllelo atándolo firmemente con una cuerda.
- Hornee a 200°C (400°F, marca de gas 6) durante 30 minutos. Poner a un lado.
- Para la salsa, calentar el aceite en una cacerola. Agregue la pasta de jengibre, la pasta de ajo, la cebolla y los chiles verdes. Dóralos a fuego medio durante 2-3 minutos. Agrega el resto de los ingredientes de la salsa. Cocine durante 7-8 minutos.
- Corta el rollito de pollo en trozos pequeños y colócalos en una fuente para servir. Vierta la salsa encima. Servir caliente.

Murgh Pasanda

(bocados de pollo picantes)

Para 4 personas

Ingredientes

1 cucharadita de cúrcuma

30 g/1 oz de hojas de cilantro picadas

1 cucharadita de chile en polvo

10 g/¼ oz de hojas de menta, finamente picadas

1 cucharadita de garam masala

Pieza de 5 cm de papaya cruda, molida

1 cucharadita de pasta de jengibre

1 cucharadita de pasta de ajo

Sal al gusto

750 g/1 lb 10 oz de pechuga de pollo, cortada en rodajas finas

6 cucharadas de aceite vegetal refinado

Método
- Mezclar todos los ingredientes excepto el pollo y el aceite. Marina las rodajas de pollo con esta mezcla durante 3 horas.
- Calienta aceite en una sartén. Agrega las rodajas de pollo marinadas y fríe a fuego medio hasta que estén doradas, volteándolas de vez en cuando. Servir caliente.

Murgh Massala

(Pollo Masala)

Para 4 personas

Ingredientes

4 cucharadas de aceite vegetal refinado

2 cebollas grandes, ralladas

1 tomate, finamente picado

Sal al gusto

1 kg de pollo cortado en 8 trozos

360 ml de agua

360 ml/12 oz de leche de coco

Para la mezcla de especias:

2 cucharadas de garam masala

1 cucharadita de semillas de comino

1½ cucharadita de semillas de amapola

4 pimientos rojos

½ cucharadita de cúrcuma

8 dientes de ajo

2,5 cm de raíz de jengibre

Método

- Muele la mezcla de especias con suficiente agua para formar una pasta suave. Poner a un lado.
- Calentar el aceite en una cacerola. Agrega las cebollas y saltea a fuego medio hasta que se doren. Agrega la pasta de mezcla de especias y fríe durante 5-6 minutos.
- Agrega el tomate, la sal, el pollo y el agua. Cubra con una tapa y cocine a fuego lento durante 20 minutos. Agrega la leche de coco, mezcla bien y sirve caliente.

Crema De Pollo Bohri

(Pollo en salsa cremosa)

Para 4 personas

Ingredientes

3 cebollas grandes

2,5 cm de raíz de jengibre

8 dientes de ajo

6 chiles verdes

100 g/3½ oz de hojas de cilantro, finamente picadas

3 cucharadas de hojas de menta, finamente picadas

120ml de agua

1 kg de pollo cortado en 8 trozos

2 cucharadas de jugo de limón

1 cucharadita de pimienta negra molida

250 ml/8 fl oz de crema líquida

30 g/1 oz de ghee

Sal al gusto

Método

- Mezcle la cebolla, el jengibre, el ajo, los chiles verdes, las hojas de cilantro y las hojas de menta. Muele esta mezcla con agua para hacer una pasta fina.
- Marina el pollo con la mitad de esta pasta y el jugo de limón durante 1 hora.
- Coloca el pollo marinado en una cacerola y vierte el resto de la masa encima. Espolvorea el resto de los ingredientes sobre esta mezcla.
- Selle con papel aluminio, cubra bien con una tapa y cocine a fuego lento durante 45 minutos. Servir caliente.

Jhatpat Murgh

(Pollo Rápido)

Para 4 personas

Ingredientes

4 cucharadas de aceite vegetal refinado

2 cebollas grandes, en rodajas finas

2 cucharaditas de pasta de jengibre

Sal al gusto

1 kg de pollo cortado en 12 trozos

¼ de cucharadita de azafrán, disuelto en 2 cucharadas de leche

Método

- Calentar el aceite en una cacerola. Agrega las cebollas y la pasta de jengibre. Dóralos a fuego medio durante 2 minutos.
- Agrega sal y pollo. Cocine a fuego lento durante 30 minutos, revolviendo frecuentemente. Espolvorea con la mezcla de azafrán. Servir caliente.

Pollo al curry verde

Para 4 personas

Ingredientes

Sal al gusto

Una pizca de cúrcuma

Jugo de 1 limón

1 kg de pollo cortado en 12 trozos

3,5 cm de raíz de jengibre

8 dientes de ajo

100 g/3½ oz de hojas de cilantro picadas

3 chiles verdes

4 cucharadas de aceite vegetal refinado

2 cebollas grandes, ralladas

½ cucharadita de garam masala

250ml de agua

Método

- Mezcla la sal, la cúrcuma y el jugo de limón. Marina el pollo con esta mezcla durante 30 minutos.
- Muele el jengibre, el ajo, las hojas de cilantro y los chiles hasta obtener una pasta suave.
- Calentar el aceite en una cacerola. Agrega la pasta con la cebolla rallada y sofríe a fuego medio durante 2-3 minutos.
- Agrega el pollo marinado, el garam masala y el agua. Mezcle bien y cocine a fuego lento durante 40 minutos, revolviendo frecuentemente. Servir caliente.

Murgh Bharta

(Pollo cocido a fuego lento con huevos)

Para 4 personas

Ingredientes

4 cucharadas de aceite vegetal refinado

2 cebollas grandes, en rodajas finas

500 g/1 libra 2 oz de pollo deshuesado, cortado en cubitos

1 cucharadita de garam masala

½ cucharadita de cúrcuma

Sal al gusto

3 tomates, en rodajas finas

30 g/1 oz de hojas de cilantro picadas

4 huevos duros, cortados por la mitad

Método

- Calentar el aceite en una cacerola. Saltee las cebollas a fuego medio hasta que se doren. Agrega el pollo, el garam masala, la cúrcuma y la sal. Freír durante 5 minutos.
- Agrega los tomates. Mezclar bien y cocinar a fuego lento durante 30 a 40 minutos. Adorne con hojas de cilantro y huevos. Servir caliente.

Pollo con semillas de Ajwain

Para 4 personas

Ingredientes

3 cucharadas de aceite vegetal refinado

1½ cucharadita de semillas de ajwain

2 cebollas grandes, finamente picadas

1 cucharadita de pasta de jengibre

1 cucharadita de pasta de ajo

4 tomates, finamente picados

2 cucharaditas de cilantro molido

1 cucharadita de chile en polvo

1 cucharadita de cúrcuma

1 kg de pollo cortado en 8 trozos

250ml de agua

Jugo de 1 limón

1 cucharadita de garam masala

Sal al gusto

Método

- Calentar el aceite en una cacerola. Agrega las semillas de ajwain. Déjalos crepitar durante 15 segundos.
- Agrega las cebollas y saltea a fuego medio hasta que se doren. Agrega la pasta de jengibre, la pasta de ajo y los tomates. Dorar durante 3 minutos, revolviendo ocasionalmente.
- Agrega todos los ingredientes restantes. Mezclar bien y cubrir con una tapa. Cocine a fuego lento durante 40 minutos y sirva caliente.

Pollo Tikka Con Espinacas

Para 4 personas

Ingredientes

1 kg de pollo deshuesado cortado en 16 trozos

2 cucharadas de ghee

1 cucharadita de chaat masala*

2 cucharadas de jugo de limón

Para la marinada:

100 g/3½ oz de espinacas molidas

50 g/1¾ oz de hojas de cilantro molidas

1 cucharadita de pasta de jengibre

1 cucharadita de pasta de ajo

200 g/7 oz de yogur

1½ cucharadita de garam masala

Método

- Mezclar todos los ingredientes de la marinada. Marina el pollo con esta mezcla durante 2 horas.
- Rocíe el pollo con ghee y ase en el horno a 200°C (400°F, marca de gas 6) durante 45 minutos. Rocíe el chaat masala y el jugo de limón encima. Servir caliente.

Pollo Yakhni

(Pollo de Cachemira)

Para 4 personas

Ingredientes

3 cucharadas de aceite vegetal refinado

1 kg de pollo cortado en 8 trozos

400 g/14 oz de yogur

125 g/4½ oz de besan*

2 dientes

2,5 cm de canela

6 granos de pimienta

1 cucharadita de jengibre molido

2 cucharaditas de hinojo molido

Sal al gusto

250ml de agua

50 g/1¾ oz de hojas de cilantro picadas

Método

- Calienta la mitad del aceite en una sartén. Agrega los trozos de pollo y fríe a fuego medio hasta que estén dorados. Poner a un lado.
- Batir el yogur con el besan hasta formar una pasta espesa. Poner a un lado.
- Calienta el aceite restante en una cacerola. Agrega los clavos, la canela, los granos de pimienta, el jengibre molido, el hinojo molido y la sal. Freír durante 4-5 minutos.
- Agrega el pollo frito, el agua y la pasta de yogur. Mezclar bien y cocinar a fuego lento durante 40 minutos. Adorne con hojas de cilantro. Servir caliente.

Pollo Con Chile

Para 4 personas

Ingredientes

3 cucharadas de aceite vegetal refinado

4 chiles verdes, finamente picados

1 cucharadita de pasta de jengibre

1 cucharadita de pasta de ajo

3 cebollas grandes, en rodajas

250ml de agua

750 g/1 lb 10 oz de pollo deshuesado, picado

2 pimientos verdes grandes, cortados en juliana

2 cucharadas de salsa de soja

30 g/1 oz de hojas de cilantro picadas

Sal al gusto

Método

- Calentar el aceite en una cacerola. Agregue los chiles verdes, la pasta de jengibre, la pasta de ajo y la cebolla. Freír a fuego medio durante 3-4 minutos.
- Agrega el agua y el pollo. Deje cocinar a fuego lento durante 20 minutos.

- Agregue todos los ingredientes restantes y cocine por 20 minutos. Servir caliente.

Pollo a la pimienta

Para 4 personas

Ingredientes

4 cucharadas de aceite vegetal refinado

3 cebollas grandes, finamente picadas

6 dientes de ajo, finamente picados

1 kg de pollo cortado en 12 trozos

3 cucharaditas de cilantro molido

2½ cucharaditas de pimienta negra recién molida

½ cucharadita de cúrcuma

Sal al gusto

250ml de agua

Jugo de 1 limón

50 g/1¾ oz de hojas de cilantro picadas

Método

- Calentar el aceite en una cacerola. Agrega las cebollas y el ajo y sofríe a fuego medio hasta que se doren.
- Agrega el pollo. Dorar durante 5 minutos, revolviendo con frecuencia.
- Agrega el cilantro molido, la pimienta, la cúrcuma y la sal. Freír durante 3-4 minutos.

- Vierta el agua, mezcle bien y cubra con una tapa. Deja cocinar a fuego lento durante 40 minutos.
- Adorne con jugo de limón y hojas de cilantro. Servir caliente.

Pollo con higos

Para 4 personas

Ingredientes

4 cucharadas de aceite vegetal refinado

2 cebollas grandes, finamente picadas

1 cucharadita de pasta de jengibre

1 cucharadita de pasta de ajo

1 kg de pollo cortado en 12 trozos

250 ml/8 fl oz de agua tibia

200 g/7 oz de puré de tomate

Sal al gusto

2 cucharaditas de vinagre de malta

12 higos secos, remojados durante 2 horas

Método

- Calienta aceite en una sartén. Agrega las cebollas. Dóralos a fuego medio hasta que estén transparentes. Agrega la pasta de jengibre y la pasta de ajo. Freír durante 2-3 minutos.
- Agrega el pollo y el agua. Cubra con una tapa y cocine a fuego lento durante 30 minutos.
- Agrega el puré de tomate, la sal y el vinagre. Mezclar bien. Escurre los higos y agrégalos a la mezcla de pollo.

Deje cocinar a fuego lento durante 8-10 minutos. Servir caliente.

Pollo sin aceite

Para 4 personas

Ingredientes

400 g/14 oz de yogur

1 cucharadita de chile en polvo

1 cucharadita de pasta de jengibre

1 cucharadita de pasta de ajo

2 chiles verdes, finamente picados

50 g/1¾ oz de hojas de cilantro molidas

1 cucharadita de garam masala

Sal al gusto

750 g/1 lb 10 oz de pollo deshuesado, cortado en 8 trozos

Método

- Mezclar todos los ingredientes excepto el pollo. Marina el pollo con esta mezcla durante la noche.

- Cocina el pollo marinado en una cacerola a fuego medio durante 40 minutos, revolviendo frecuentemente. Servir caliente.

Cari Kozi Varatha

(Pollo al curry de Kerala)

Para 4 personas

Ingredientes

60 ml/2 fl oz de aceite vegetal refinado

7,5 cm de raíz de jengibre finamente picada

15 dientes de ajo, finamente picados

8 chalotes, en rodajas

3 chiles verdes, partidos a lo largo

1 kg de pollo cortado en 12 trozos

¾ cucharadita de cúrcuma

Sal al gusto

2 cucharadas de cilantro molido

1 cucharada de garam masala

½ cucharadita de semillas de comino

750 ml/1¼ pinta de leche de coco

5-6 hojas de curry

Método

- Calentar el aceite en una cacerola. Agrega el jengibre y el ajo. Freír a fuego medio durante 30 segundos.

- Agregue las chalotas y los chiles verdes. Saltee por un minuto.

- Agrega el pollo, la cúrcuma, la sal, el cilantro molido, el garam masala y las semillas de comino. Mezclar bien. Cubrir con una tapa y cocinar a fuego lento durante 20 minutos. Agrega la leche de coco. Deje cocinar a fuego lento durante 20 minutos.

- Adorne con hojas de curry y sirva caliente.

Estofado de pollo

Para 4 personas

Ingredientes

1 cucharada de aceite vegetal refinado

2 dientes

2,5 cm de canela

6 granos de pimienta negra

3 hojas de laurel

2 cebollas grandes cortadas en 8 trozos

1 cucharadita de pasta de jengibre

1 cucharadita de pasta de ajo

8 muslos de pollo

200 g/7 oz de vegetales mixtos congelados

250ml de agua

Sal al gusto

2 cucharaditas de harina blanca normal, disuelta en 360 ml/12 fl oz de leche

Método

- Calentar el aceite en una cacerola. Agrega los clavos, la canela, los granos de pimienta y las hojas de laurel. Déjalos crepitar durante 30 segundos.

- Agrega la cebolla, la pasta de jengibre y la pasta de ajo. Freír durante 2 minutos.

- Agrega el resto de los ingredientes, excepto la mezcla de harina. Cubra con una tapa y cocine a fuego lento durante 30 minutos. Agrega la mezcla de harina. Mezclar bien.

- Cocine a fuego lento durante 10 minutos, revolviendo con frecuencia. Servir caliente.

Pollo Himani

(Pollo al cardamomo)

Para 4 personas

Ingredientes

1 kg de pollo cortado en 10 trozos

3 cucharadas de aceite vegetal refinado

¼ cucharadita de cardamomo verde molido

Sal al gusto

Para la marinada:

1 cucharadita de pasta de jengibre

1 cucharadita de pasta de ajo

200 g/7 oz de yogur

2 cucharadas de hojas de menta, molidas

Método

- Mezcle todos los ingredientes de la marinada. Marina el pollo con esta mezcla durante 4 horas.

- Calentar el aceite en una cacerola. Agrega el pollo marinado y dora a fuego lento durante 10 minutos. Agrega el cardamomo y la sal. Mezclar bien y cocinar durante 30 minutos, revolviendo frecuentemente. Servir caliente.

Pollo Blanco

Para 4 personas

Ingredientes

750 g/1 lb 10 oz de pollo deshuesado, picado

1 cucharadita de pasta de jengibre

1 cucharadita de pasta de ajo

1 cucharada de ghee

2 dientes

2,5 cm de canela

8 granos de pimienta negra

2 hojas de laurel

Sal al gusto

250ml de agua

30 g/1 oz de anacardos molidos

10-12 almendras molidas

1 cucharada de crema para batir

Método

- Marina el pollo con pasta de jengibre y pasta de ajo durante 30 minutos.

- Calienta el ghee en una cacerola. Agrega los clavos, la canela, los granos de pimienta, las hojas de laurel y la sal. Déjalos crepitar durante 15 segundos.

- Agrega el pollo marinado y el agua. Dejar cocer a fuego lento durante 30 minutos. Agrega los anacardos, las almendras y la nata. Cocine por 5 minutos y sirva caliente.

Pollo con masala roja

Para 4 personas

Ingredientes

3 cucharadas de aceite vegetal refinado

2 cebollas grandes, en rodajas finas

1 cucharada de semillas de amapola

5 pimientos rojos secos

50 g/1¾ oz de coco fresco rallado

2,5 cm de canela

2 cucharaditas de pasta de tamarindo

6 dientes de ajo

500 g/1 libra 2 oz de pollo, picado

2 tomates, en rodajas finas

1 cucharada de cilantro molido

1 cucharadita de comino molido

500 ml/16 onzas de agua

Sal al gusto

Método

- Calentar el aceite en una cacerola. Saltee las cebollas a fuego medio hasta que se doren. Agrega las semillas de amapola, los chiles, el coco y la canela. Freír durante 3 minutos.

- Agrega la pasta de tamarindo y el ajo. Mezclar bien y reducir hasta obtener una pasta.

- Mezclar esta pasta con todos los ingredientes restantes. Cuece la mezcla en una cacerola a fuego lento durante 40 minutos. Servir caliente.

Pollo Jhalfrezie

(Pollo en salsa espesa de tomate)

Para 4 personas

Ingredientes

3 cucharadas de aceite vegetal refinado

3 cebollas grandes, finamente picadas

2,5 cm de raíz de jengibre, en rodajas finas

1 cucharadita de pasta de ajo

1 kg de pollo cortado en 8 trozos

½ cucharadita de cúrcuma

3 cucharaditas de cilantro molido

1 cucharadita de comino molido

4 tomates, blanqueados y hechos puré

Sal al gusto

Método

- Calentar el aceite en una cacerola. Agrega la cebolla, el jengibre y la pasta de ajo. Saltee a fuego medio hasta que las cebollas estén doradas.

- Agrega el pollo, la cúrcuma, el cilantro molido y el comino molido. Freír durante 5 minutos.

- Agrega el puré de tomate y la sal. Mezclar bien y cocinar a fuego lento durante 40 minutos, revolviendo ocasionalmente. Servir caliente.

Pollo Al Curry Sencillo

Para 4 personas

Ingredientes

2 cucharadas de aceite vegetal refinado

2 cebollas grandes, cortadas en rodajas

½ cucharadita de cúrcuma

1 cucharadita de pasta de jengibre

1 cucharadita de pasta de ajo

6 chiles verdes, rebanados

750 g/1 lb 10 oz de pollo, cortado en 8 trozos

125g/4½oz de yogur

125 g/4½ oz de peces koi*

Sal al gusto

50 g/1¾ oz de hojas de cilantro, finamente picadas

Método

- Calentar el aceite en una cacerola. Agrega las cebollas. Freír hasta que se vuelvan traslúcidos.

- Agregue la cúrcuma, la pasta de jengibre, la pasta de ajo y los chiles verdes. Dorar a fuego medio durante 2 minutos. Agrega el pollo y dora por 5 minutos.

- Agrega el yogur, el khoya y la sal. Mezclar bien. Cubra con una tapa y cocine a fuego lento durante 30 minutos, revolviendo ocasionalmente.

- Adorne con hojas de cilantro. Servir caliente.

Pollo al curry agrio

Para 4 personas

Ingredientes

1 kg de pollo cortado en 8 trozos

Sal al gusto

½ cucharadita de cúrcuma

4 cucharadas de aceite vegetal refinado

3 cebollas, finamente picadas

8 hojas de curry

3 tomates, finamente picados

1 cucharadita de pasta de jengibre

1 cucharadita de pasta de ajo

1 cucharada de cilantro molido

1 cucharadita de garam masala

1 cucharada de pasta de tamarindo

½ cucharada de pimienta negra molida

250ml de agua

Método
- Marina los trozos de pollo con sal y cúrcuma durante 30 minutos.

- Calentar el aceite en una cacerola. Agrega las cebollas y las hojas de curry. Saltee a fuego lento hasta que las cebollas estén traslúcidas.

- Agrega todos los ingredientes restantes y el pollo marinado. Mezclar bien, tapar y cocinar a fuego lento durante 40 minutos. Servir caliente.

Pollo Seco Anjeer

(Pollo seco con higos)

Para 4 personas

Ingredientes

750 g/1 lb 10 oz de pollo, cortado en 12 trozos

4 cucharadas de ghee

2 cebollas grandes, finamente picadas

250ml de agua

Sal al gusto

Para la marinada:

10 higos secos, remojados durante 1 hora

1 cucharadita de pasta de jengibre

1 cucharadita de pasta de ajo

200 g/7 oz de yogur

1½ cucharadita de garam masala

2 cucharadas de crema para batir

Método

- Mezcle todos los ingredientes de la marinada. Marina el pollo con esta mezcla durante una hora.

- Calienta el ghee en una cacerola. Saltee las cebollas a fuego medio hasta que se doren.

- Agrega el pollo marinado, el agua y la sal. Mezclar bien, tapar y cocinar a fuego lento durante 40 minutos. Servir caliente.

Yogur De Pollo

Para 4 personas

Ingredientes

30 g/1 oz de hojas de menta, finamente picadas

30 g/1 oz de hojas de cilantro picadas

2 cucharaditas de pasta de jengibre

2 cucharaditas de pasta de ajo

400 g/14 oz de yogur

200 g/7 oz de puré de tomate

Jugo de 1 limón

1 kg de pollo cortado en 12 trozos

2 cucharadas de aceite vegetal refinado

4 cebollas grandes, finamente picadas

Sal al gusto

Método

- Muele las hojas de menta y las hojas de cilantro hasta obtener una pasta fina. Mézclalo con pasta de jengibre, pasta de ajo, yogur, puré de tomate y jugo de limón. Marina el pollo con esta mezcla durante 3 horas.

- Calentar el aceite en una cacerola. Saltee las cebollas a fuego medio hasta que se doren.

- Agrega el pollo marinado. Cubra con una tapa y cocine a fuego lento durante 40 minutos, revolviendo ocasionalmente. Servir caliente.

Pollo Frito Picante

Para 4 personas

Ingredientes

1 cucharadita de pasta de jengibre

2 cucharaditas de pasta de ajo

2 chiles verdes, finamente picados

1 cucharadita de chile en polvo

1 cucharadita de garam masala

2 cucharaditas de jugo de limón

½ cucharadita de cúrcuma

Sal al gusto

1 kg de pollo cortado en 8 trozos

Aceite vegetal refinado para freír.

Pan rallado, para cubrir

Método

- Mezcle pasta de jengibre, pasta de ajo, chiles verdes, chile en polvo, garam masala, jugo de limón, cúrcuma y sal. Marina el pollo con esta mezcla durante 3 horas.

- Calienta aceite en una sartén. Recubre cada trozo de pollo marinado con pan rallado y fríe a fuego medio hasta que esté dorado.

- Escurrir sobre papel absorbente y servir caliente.

Pollo Supremo

Para 4 personas

Ingredientes

1 cucharadita de pasta de jengibre

1 cucharadita de pasta de ajo

1 kg de pollo cortado en 8 trozos

200 g/7 oz de yogur

Sal al gusto

250ml de agua

2 cucharadas de aceite vegetal refinado

2 cebollas grandes, cortadas en rodajas

4 pimientos rojos

5 cm canela

2 vainas de cardamomo negro

4 dientes

1 cucharada de chana dhal*, asado seco

Método

- Mezcle la pasta de jengibre y la pasta de ajo. Marina el pollo con esta mezcla durante 30 minutos. Agrega el yogur, la sal y el agua. Poner a un lado.

- Calentar el aceite en una cacerola. Agrega las cebollas, los chiles, la canela, el cardamomo, los clavos y el chana dhal. Dorar durante 3-4 minutos a fuego lento.

- Muela hasta obtener una pasta y agregue a la mezcla de pollo. Mezclar bien.

- Cocine a fuego lento durante 30 minutos. Servir caliente.

vindaloo de pollo

(Pollo al curry picante de Goa)

Para 4 personas

Ingredientes

60 ml de vinagre de malta

1 cucharada de semillas de comino

1 cucharadita de granos de pimienta

6 pimientos rojos

1 cucharadita de cúrcuma

Sal al gusto

4 cucharadas de aceite vegetal refinado

3 cebollas grandes, finamente picadas

1 kg de pollo cortado en 8 trozos

Método

- Muele el vinagre con las semillas de comino, los granos de pimienta, los chiles, la cúrcuma y la sal hasta obtener una pasta suave. Poner a un lado.

- Calentar el aceite en una cacerola. Agrega las cebollas y saltea hasta que estén transparentes. Agrega la pasta de semillas de vinagre y comino. Mezclar bien y freír durante 4-5 minutos.

- Agrega el pollo y cocina a fuego lento durante 30 minutos. Servir caliente.

Pollo caramelizado

Para 4 personas

Ingredientes

200 g/7 oz de yogur

1 cucharadita de pasta de jengibre

1 cucharadita de pasta de ajo

2 cucharadas de cilantro molido

1 cucharadita de comino molido

1½ cucharadita de garam masala

Sal al gusto

1 kg de pollo cortado en 8 trozos

3 cucharadas de aceite vegetal refinado

2 cucharaditas de azúcar

3 dientes

2,5 cm de canela

6 granos de pimienta negra

Método

- Mezcle yogur, pasta de jengibre, pasta de ajo, cilantro molido, comino molido, garam masala y sal. Marina el pollo con esta mezcla durante la noche.

- Calentar el aceite en una cacerola. Agrega el azúcar, el clavo, la canela y los granos de pimienta. Freír por un minuto. Agrega el pollo marinado y cocina a fuego lento durante 40 minutos. Servir caliente.

Pollo de nueces

Para 4 personas

Ingredientes

1 kg de pollo cortado en 12 trozos

Sal al gusto

1 cucharadita de pasta de jengibre

1 cucharadita de pasta de ajo

4 cucharadas de aceite vegetal refinado

4 cebollas grandes, en rodajas

15 anacardos, molidos hasta obtener una pasta

6 pimientos rojos, remojados durante 15 minutos

2 cucharaditas de comino molido

60 ml de salsa de tomate

500 ml/16 onzas de agua

Método

- Marina el pollo con sal y pastas de jengibre y ajo durante 1 hora.

- Calentar el aceite en una cacerola. Saltee las cebollas a fuego medio hasta que se doren.

- Agrega los anacardos, los chiles, el comino y el ketchup. Cocine por 5 minutos.

- Agrega el pollo y el agua. Cocine a fuego lento durante 40 minutos y sirva caliente.

Pollo Rápido

Para 4 personas

Ingredientes

4 cucharadas de aceite vegetal refinado

6 pimientos rojos

6 granos de pimienta negra

1 cucharadita de semillas de cilantro

1 cucharadita de semillas de comino

2,5 cm de canela

4 dientes

1 cucharadita de cúrcuma

8 dientes de ajo

1 cucharadita de pasta de tamarindo

4 cebollas medianas, cortadas en rodajas finas

2 tomates grandes, finamente picados

1 kg de pollo cortado en 12 trozos

250ml de agua

Sal al gusto

Método

- Calentar media cucharada de aceite en una cacerola. Agregue los chiles rojos, los granos de pimienta, las semillas de cilantro, las semillas de comino, la canela y los clavos. Dóralos a fuego medio durante 2-3 minutos.
- Agrega la cúrcuma, el ajo y la pasta de tamarindo. Muele la mezcla hasta obtener una pasta suave. Poner a un lado.
- Calienta el aceite restante en una cacerola. Agrega las cebollas y saltea a fuego medio hasta que estén doradas. Agrega los tomates y saltea durante 3-4 minutos.
- Agrega el pollo y saltea durante 4-5 minutos.
- Agrega el agua y la sal. Mezclar bien y cubrir con una tapa. Cocine a fuego lento durante 40 minutos, revolviendo ocasionalmente.
- Servir caliente.

Pollo Al Curry Coorgi

Para 4 personas

Ingredientes

1 kg de pollo cortado en 12 trozos

Sal al gusto

1 cucharadita de cúrcuma

50g/1¾oz de coco rallado

3 cucharadas de aceite vegetal refinado

1 cucharadita de pasta de ajo

2 cebollas grandes, en rodajas finas

1 cucharadita de comino molido

1 cucharadita de cilantro molido

360 ml de agua

Método

- Marina el pollo con sal y cúrcuma durante una hora. Poner a un lado.
- Muele el coco con suficiente agua hasta formar una pasta suave.
- Calentar el aceite en una cacerola. Agrega la pasta de coco con la pasta de ajo, la cebolla, el comino molido y el cilantro. Freír a fuego lento durante 4-5 minutos.
- Agrega el pollo marinado. Mezclar bien y freír durante 4-5 minutos. Agrega el agua, tapa con una tapa y cocina a fuego lento durante 40 minutos. Servir caliente.

Pollo Sartén

Para 4 personas

Ingredientes

4 cucharadas de aceite vegetal refinado

1 cucharadita de pasta de jengibre

1 cucharadita de pasta de ajo

2 cebollas grandes, finamente picadas

1 cucharadita de garam masala

1½ cucharadas de anacardos, molidos

1½ cucharadas de semillas de melón*, suelo

1 cucharadita de cilantro molido

500 g/1 libra 2 oz de pollo deshuesado

200 g/7 oz de puré de tomate

2 cubitos de caldo de pollo

250ml de agua

Sal al gusto

Método

- Calentar el aceite en una cacerola. Agregue la pasta de jengibre, la pasta de ajo, la cebolla y el garam masala. Dorar durante 2-3 minutos a fuego lento. Agrega los anacardos, las semillas de melón y el cilantro molido. Freír durante 2 minutos.
- Agrega el pollo y dora por 5 minutos. Agrega el puré de tomate, los cubitos de caldo, el agua y la sal. Cubra y cocine a fuego lento durante 40 minutos. Servir caliente.

Pollo Con Espinacas

Para 4 personas

Ingredientes

3 cucharadas de aceite vegetal refinado

6 dientes

5 cm canela

2 hojas de laurel

2 cebollas grandes, finamente picadas

12 dientes de ajo, finamente picados

400 g/14 oz de espinacas, picadas en trozos grandes

200 g/7 oz de yogur

250ml de agua

750 g/1 lb 10 oz de pollo, cortado en 8 trozos

Sal al gusto

Método

- Calienta 2 cucharadas de aceite en una cacerola. Agrega los clavos, la canela y las hojas de laurel. Déjalos crepitar durante 15 segundos.
- Agrega las cebollas y saltea a fuego medio hasta que estén transparentes.
- Agrega el ajo y las espinacas. Mezclar bien. Cocine durante 5-6 minutos. Enfriar y triturar con suficiente agua para hacer una pasta suave.
- Calienta el aceite restante en una cacerola. Agrega la pasta de espinacas y sofríe durante 3-4 minutos. Agrega el yogur y el agua. Cocine durante 5-6 minutos. Agrega el pollo y la sal. Cocine a fuego lento durante 40 minutos. Servir caliente.

pollo indio

Para 4 personas

Ingredientes

4-5 cucharadas de aceite vegetal refinado

4 cebollas grandes, en rodajas

1 kg de pollo cortado en 10 trozos

Sal al gusto

500 ml/16 onzas de agua

Para la mezcla de especias:

2,5 cm de raíz de jengibre

10 dientes de ajo

1 cucharada de garam masala

2 cucharaditas de semillas de hinojo

1½ cucharadas de semillas de cilantro

60 ml de agua

Método

- Muele los ingredientes de la mezcla de especias hasta obtener una pasta suave. Poner a un lado.
- Calentar el aceite en una cacerola. Saltee las cebollas a fuego medio hasta que se doren.
- Agrega la pasta de la mezcla de especias, el pollo y la sal. Freír durante 5-6 minutos. Agrega el agua. Tapar y cocinar durante 40 minutos. Servir caliente.

Kori Gassi

(Pollo al curry mangaloriano)

Para 4 personas

Ingredientes

4 cucharadas de aceite vegetal refinado

6 pimientos rojos enteros

1 cucharadita de granos de pimienta negra

4 cucharaditas de semillas de cilantro

2 cucharaditas de semillas de comino

150 g/5½ oz de coco fresco rallado

8 dientes de ajo

500 ml/16 onzas de agua

3 cebollas grandes, finamente picadas

1 cucharadita de cúrcuma

1 kg de pollo cortado en 8 trozos

2 cucharaditas de pasta de tamarindo

Sal al gusto

Método

- Calienta 1 cucharadita de aceite en una cacerola. Agregue los chiles rojos, los granos de pimienta, las semillas de cilantro y las semillas de comino. Déjalos crepitar durante 15 segundos.
- Muele esta mezcla hasta obtener una pasta con el coco, el ajo y la mitad del agua.
- Calienta el aceite restante en una cacerola. Agrega las cebollas, la cúrcuma y la pasta de coco. Freír a fuego medio durante 5-6 minutos.
- Agrega el pollo, la pasta de tamarindo, la sal y el agua restante. Mezclar bien. Cubra con una tapa y cocine a fuego lento durante 40 minutos. Servir caliente.

Pollo Ghezado

(Pollo de Goa)

Para 4 personas

Ingredientes

3 cucharadas de aceite vegetal refinado

2 cebollas grandes, finamente picadas

1 cucharadita de pasta de jengibre

1 cucharadita de pasta de ajo

2 tomates, finamente picados

1 kg de pollo cortado en 8 trozos

1 cucharada de cilantro molido

2 cucharadas de garam masala

Sal al gusto

250ml de agua

Método

- Calentar el aceite en una cacerola. Agrega la cebolla, la pasta de jengibre y la pasta de ajo. Freír durante 2 minutos. Agrega los tomates y el pollo. Freír durante 5 minutos.

- Agrega todos los ingredientes restantes. Cocine a fuego lento durante 40 minutos y sirva caliente.

Pollo En Salsa De Tomate

Para 4 personas

Ingredientes

1 cucharada de ghee

2,5 cm de raíz de jengibre finamente picada

10 dientes de ajo, finamente picados

2 cebollas grandes, finamente picadas

4 pimientos rojos

1 cucharadita de garam masala

1 cucharadita de cúrcuma

800g/1¾lb de puré de tomate

1 kg de pollo cortado en 8 trozos

Sal al gusto

200 g/7 oz de yogur

Método

- Calienta el ghee en una cacerola. Agrega el jengibre, el ajo, la cebolla, los pimientos rojos, el garam masala y la cúrcuma. Dorar a fuego medio durante 3 minutos.
- Agrega el puré de tomate y dora durante 4 minutos a fuego lento.
- Agrega el pollo, la sal y el yogur. Mezclar bien.
- Tape y cocine a fuego lento durante 40 minutos, revolviendo ocasionalmente. Servir caliente.

Shahenshah Murgh

(Pollo cocido en salsa especial)

Para 4 personas

Ingredientes

250 g/9 oz de maní remojado durante 4 horas

60 g/2 oz de pasas

4 chiles verdes, partidos a lo largo

1 cucharada de semillas de comino

4 cucharadas de ghee

1 cucharada de canela molida

3 cebollas grandes, finamente picadas

1 kg de pollo cortado en 12 trozos

Sal al gusto

Método

- Escurrir los cacahuetes y molerlos con pasas, chiles verdes, semillas de comino y suficiente agua para formar una pasta suave. Poner a un lado.
- Calienta el ghee en una cacerola. Agrega la canela molida. Déjelo crepitar durante 30 segundos.
- Agregue las cebollas y la pasta molida de maní y pasas. Freír durante 2-3 minutos.
- Agrega el pollo y la sal. Mezclar bien. Cocine a fuego lento durante 40 minutos, revolviendo ocasionalmente. Servir caliente.

Pollo Piaza

(Pollo con cebolla)

Para 4 personas

Ingredientes

4 cucharadas de ghee y extra para freír

4 dientes

½ cucharadita de semillas de hinojo

1 cucharadita de cilantro molido

1 cucharadita de pimienta negra molida

2,5 cm de raíz de jengibre finamente picada

8 dientes de ajo, finamente picados

4 cebollas grandes, en rodajas

1 kg de pollo cortado en 12 trozos

½ cucharadita de cúrcuma

4 tomates, finamente picados

Sal al gusto

Método

- Calienta 4 cucharadas de ghee en una cacerola. Agrega los clavos, las semillas de hinojo, el cilantro molido y la pimienta. Déjalos crepitar durante 15 segundos.
- Agrega el jengibre, el ajo y la cebolla. Freír a fuego medio durante 1-2 minutos.
- Agrega el pollo, la cúrcuma, los tomates y la sal. Mezclar bien. Cocine a fuego lento durante 30 minutos, revolviendo frecuentemente. Servir caliente.

Pollo Bengalí

Para 4 personas

Ingredientes

300 g/10 oz de yogur

1 cucharadita de pasta de jengibre

1 cucharadita de pasta de ajo

3 cebollas grandes, 1 rallada más 2 finamente picadas

1 cucharadita de cúrcuma

2 cucharaditas de chile en polvo

Sal al gusto

1 kg de pollo cortado en 12 trozos

4 cucharadas de aceite de mostaza

500 ml/16 onzas de agua

Método

- Mezcle yogur, pasta de jengibre, pasta de ajo, cebolla, cúrcuma, chile en polvo y sal. Marina el pollo con esta mezcla durante 30 minutos.
- Calentar el aceite en una cacerola. Agrega la cebolla picada y sofríe hasta que esté dorada.
- Agrega el pollo marinado, el agua y la sal. Mezclar bien. Cubra con una tapa y cocine a fuego lento durante 40 minutos. Servir caliente.

Lasooni Murgh

(Pollo cocido al ajillo)

Para 4 personas

Ingredientes

200 g/7 oz de yogur

2 cucharadas de pasta de ajo

1 cucharadita de garam masala

2 cucharadas de jugo de limón

1 cucharadita de pimienta negra molida

5 hebras de azafrán

Sal al gusto

750 g/1 lb 10 oz de pollo deshuesado, cortado en 8 trozos

2 cucharadas de aceite vegetal refinado

60 ml de nata doble

Método

- Mezcla el yogur, la pasta de ajo, el garam masala, el jugo de limón, la pimienta, el azafrán, la sal y el pollo. Refrigere la mezcla durante la noche.
- Calentar el aceite en una cacerola. Agrega la mezcla de pollo, cubre con una tapa y cocina a fuego lento durante 40 minutos, revolviendo ocasionalmente.
- Agrega la nata y revuelve por un minuto. Servir caliente.

café con pollo

(Pollo goano en salsa de cilantro)

Para 4 personas

Ingredientes

1 kg de pollo cortado en 8 trozos

5 cucharadas de aceite vegetal refinado

250ml de agua

Sal al gusto

4 limones, cortados en cuartos

Para la marinada:

50 g/1¾ oz de hojas de cilantro picadas

2,5 cm de raíz de jengibre

10 dientes de ajo

120 ml de vinagre de malta

1 cucharada de garam masala

Método

- Mezcle todos los ingredientes de la marinada y muela con suficiente agua para formar una pasta suave. Marina el pollo con esta mezcla durante una hora.
- Calentar el aceite en una cacerola. Agrega el pollo marinado y dora a fuego medio durante 5 minutos. Agrega el agua y la sal. Cubra con una tapa y cocine a fuego lento durante 40 minutos, revolviendo ocasionalmente. Servir caliente con limones.

Pollo con albaricoques

Para 4 personas

Ingredientes

4 cucharadas de aceite vegetal refinado

3 cebollas grandes, en rodajas finas

1 cucharadita de pasta de jengibre

1 cucharadita de pasta de ajo

1 kg de pollo cortado en 8 trozos

1 cucharadita de chile en polvo

1 cucharadita de cúrcuma

2 cucharaditas de comino molido

2 cucharadas de azúcar

300 g/10 oz de orejones, remojados durante 10 minutos

60 ml de agua

1 cucharada de vinagre de malta

Sal al gusto

Método

- Calentar el aceite en una cacerola. Agrega la cebolla, la pasta de jengibre y la pasta de ajo. Saltee a fuego medio hasta que las cebollas estén doradas.
- Agrega el pollo, el chile en polvo, la cúrcuma, el comino molido y el azúcar. Mezclar bien y freír durante 5-6 minutos.
- Agrega los ingredientes restantes. Cocine a fuego lento durante 40 minutos y sirva caliente.

Pollo asado

Para 4 personas

Ingredientes

Sal al gusto

1 cucharada de vinagre de malta

1 cucharadita de pimienta negra molida

1 cucharadita de pasta de jengibre

1 cucharadita de pasta de ajo

2 cucharaditas de garam masala

1 kg de pollo cortado en 8 trozos

2 cucharadas de ghee

2 cebollas grandes, cortadas en rodajas

2 tomates, finamente picados

Método

- Mezcle sal, vinagre, pimienta, pasta de jengibre, pasta de ajo y garam masala. Marina el pollo con esta mezcla durante una hora.
- Calienta el ghee en una cacerola. Agrega las cebollas y saltea a fuego medio hasta que se doren.
- Agrega los tomates y el pollo marinado. Mezclar bien y freír durante 4-5 minutos.
- Retirar del fuego y asar la mezcla durante 40 minutos. Servir caliente.

Pato asado con pimienta

Para 4 personas

Ingredientes

2 cucharadas de vinagre de malta

1½ cucharadita de pasta de jengibre

1 cucharadita de pasta de ajo

Sal al gusto

1 cucharadita de pimienta negra molida

1kg/2¼lb de pato

2 cucharadas de mantequilla

2 cucharadas de aceite vegetal refinado

3 cebollas grandes, en rodajas finas

4 tomates, finamente picados

1 cucharadita de azúcar

500 ml/16 onzas de agua

Método

- Mezcle vinagre, pasta de jengibre, pasta de ajo, sal y pimienta. Pincha el pato con un tenedor y déjalo marinar con esta mezcla durante 1 hora.
- Calentar la mantequilla y el aceite juntos en una cacerola. Agrega las cebollas y los tomates. Freír a fuego medio durante 3-4 minutos. Añade el pato, el azúcar y el agua. Mezclar bien y cocinar a fuego lento durante 45 minutos. Servir caliente.

Pollo Bhuna

(Pollo cocido en yogur)

Para 4 personas

Ingredientes

4 cucharadas de aceite vegetal refinado

1 kg de pollo cortado en 12 trozos

1 cucharadita de pasta de jengibre

1 cucharadita de pasta de ajo

½ cucharadita de cúrcuma

2 cebollas grandes, finamente picadas

1½ cucharadita de garam masala

1 cucharadita de pimienta negra recién molida

150 g/5½ oz de yogur batido

Sal al gusto

Método

- Calentar el aceite en una cacerola. Agrega el pollo y dora a fuego medio durante 6-7 minutos. Escurrir y reservar.
- En el mismo aceite, añade la pasta de jengibre, la pasta de ajo, la cúrcuma y la cebolla. Cocine a fuego medio durante 2 minutos, revolviendo frecuentemente.
- Agrega el pollo frito y todos los ingredientes restantes. Cocine por 40 minutos a fuego lento. Servir caliente.

Curry De Pollo Y Huevo

Para 4 personas

Ingredientes

6 dientes de ajo

2,5 cm de raíz de jengibre

25 g/sólo 1 oz de coco fresco rallado

2 cucharaditas de semillas de amapola

1 cucharadita de garam masala

1 cucharadita de semillas de comino

1 cucharada de semillas de cilantro

1 cucharadita de cúrcuma

Sal al gusto

4 cucharadas de aceite vegetal refinado

2 cebollas grandes, finamente picadas

1 kg de pollo cortado en 8 trozos

4 huevos, duros y cortados por la mitad

Método

- Muele juntos ajo, jengibre, coco, semillas de amapola, garam masala, semillas de comino, semillas de cilantro, cúrcuma y sal. Poner a un lado.
- Calentar el aceite en una cacerola. Agrega las cebollas y la pasta molida. Freír a fuego medio durante 3-4 minutos. Agregue el pollo y revuelva bien para cubrirlo.
- Deja cocinar a fuego lento durante 40 minutos. Adorne con huevos y sirva caliente.

Pollo Frito Con Especias

Para 4 personas

Ingredientes

1 kg de pollo cortado en 8 trozos

250 ml/8 fl oz de aceite vegetal refinado

Para la marinada:

1½ cucharaditas de cilantro molido

4 vainas de cardamomo verde

7,5 cm/3 pulgadas canela

½ cucharadita de semillas de hinojo

1 cucharada de garam masala

4-6 dientes de ajo

2,5 cm de raíz de jengibre

1 cebolla grande, rallada

1 tomate grande, hecho puré

Sal al gusto

Método

- Muele todos los ingredientes de la marinada juntos. Marina el pollo con esta mezcla durante 30 minutos.
- Cocina el pollo marinado en una cacerola a fuego medio durante 30 minutos, revolviendo ocasionalmente.
- Calentar el aceite y sofreír el pollo cocido durante 5-6 minutos. Servir caliente.

Goa Komdi

(Pollo al curry de Goa)

Para 4 personas

Ingredientes

1 kg de pollo cortado en 8 trozos

Sal al gusto

½ cucharadita de cúrcuma

6 pimientos rojos

5 dientes

5 cm canela

1 cucharada de semillas de cilantro

½ cucharadita de semillas de fenogreco

½ cucharadita de semillas de mostaza

4 cucharadas de aceite

1 cucharada de pasta de tamarindo

500 ml/16 oz de leche de coco

Método

- Marina el pollo con sal y cúrcuma durante 1 hora. Poner a un lado.
- Muele los chiles, el clavo, la canela, las semillas de cilantro, las semillas de fenogreco y las semillas de mostaza con suficiente agua para formar una pasta.
- Calentar el aceite en una cacerola. Freír la masa durante 4 minutos. Agrega el pollo, la pasta de tamarindo y la leche de coco. Cocine a fuego lento durante 40 minutos y sirva caliente.

Pollo al curry sureño

Para 4 personas

Ingredientes

16 anacardos

6 pimientos rojos

2 cucharadas de semillas de cilantro

½ cucharadita de semillas de comino

1 cucharada de jugo de limón

5 cucharadas de ghee

3 cebollas grandes, finamente picadas

10 dientes de ajo, finamente picados

2,5 cm de raíz de jengibre finamente picada

1 kg de pollo cortado en 12 trozos

1 cucharadita de cúrcuma

Sal al gusto

500 ml/16 oz de leche de coco

Método

- Muele los anacardos, los chiles rojos, las semillas de cilantro, las semillas de comino y el jugo de limón con suficiente agua para formar una pasta suave. Poner a un lado.
- Calienta el ghee. Agrega las cebollas, el ajo y el jengibre. Freír durante 2 minutos.
- Agrega el pollo, la cúrcuma, la sal y la pasta de anacardos. Freír durante 5 minutos. Agrega la leche de coco y cocina a fuego lento durante 40 minutos. Servir caliente.

Pollo Nizamí

(Pollo cocinado con Azafrán y Almendras)

Para 4 personas

Ingredientes

4 cucharadas de aceite vegetal refinado

1 pollo grande cortado en 8 trozos

Sal al gusto

750 ml/1¼ pinta de leche

½ cucharadita de azafrán remojada en 2 cucharaditas de leche

Para la mezcla de especias:

1 cucharada de pasta de jengibre

3 cucharadas de semillas de amapola

5 pimientos rojos

25 g/solo 1 oz de coco desecado

20 almendras

6 cucharadas de leche

Método
- Muele los ingredientes de la mezcla de especias para formar una pasta suave.
- Calentar el aceite en una cacerola. Dorar la masa a fuego lento durante 4 minutos.
- Agrega el pollo, la sal y la leche. Cocine a fuego lento durante 40 minutos, revolviendo con frecuencia. Añade el azafrán y cocina a fuego lento durante otros 5 minutos. Servir caliente.

Bufón de pato

(Pato Cocinado con Verduras)

Para 4 personas

Ingredientes

4 cucharadas de ghee

3 cebollas grandes, cortadas en cuartos

750 g/1 lb 10 oz de pato, cortado en 8 trozos

3 patatas grandes, cortadas en cuartos

50 g/1¾ oz de col picada

200 g/7 oz de guisantes congelados

1 cucharadita de cúrcuma

4 chiles verdes, partidos a lo largo

1 cucharadita de canela molida

1 cucharadita de clavo molido

30 g/1 oz de hojas de menta, finamente picadas

Sal al gusto

750 ml / 1¼ litro de agua

1 cucharada de vinagre de malta

Método

- Calienta el ghee en una cacerola. Agrega las cebollas y saltea a fuego medio hasta que se doren. Añade el pato y sofríe durante 5-6 minutos.
- Agrega el resto de los ingredientes, excepto el agua y el vinagre. Freír durante 8 minutos. Agrega el agua y el vinagre. Deja cocinar a fuego lento durante 40 minutos. Servir caliente.

Adraki Murgh

(Pollo al jengibre)

Para 4 personas

Ingredientes

2 cucharadas de aceite vegetal refinado

2 cebollas grandes, finamente picadas

2 cucharadas de pasta de jengibre

½ cucharadita de pasta de ajo

½ cucharadita de cúrcuma

1 cucharada de garam masala

1 tomate, finamente picado

1 kg de pollo cortado en 12 trozos

Sal al gusto

Método

- Calentar el aceite en una cacerola. Agrega la cebolla, la pasta de jengibre y la pasta de ajo y sofríe a fuego medio durante 1-2 minutos.
- Agrega todos los ingredientes restantes y saltea durante 5-6 minutos.
- Asa la mezcla durante 40 minutos y sirve caliente.

Bharva Murgh

(Pollo relleno)

Para 4 personas

Ingredientes

½ cucharadita de pasta de jengibre

½ cucharadita de pasta de ajo

1 cucharadita de pasta de tamarindo

1 kg/2¼ libra de pollo

75 g/2½ oz de ghee

2 cebollas grandes, finamente picadas

Sal al gusto

3 patatas grandes, picadas

2 cucharaditas de cilantro molido

1 cucharadita de comino molido

1 cucharadita de mostaza en polvo

50 g/1¾ oz de hojas de cilantro picadas

2 dientes

2,5 cm de canela

Método

- Mezcle pastas de jengibre, ajo y tamarindo. Marina el pollo con la mezcla durante 3 horas. Poner a un lado.
- Calentar el ghee en una sartén y sofreír las cebollas hasta que estén doradas. Agrega todos los ingredientes restantes excepto el pollo marinado. Freír durante 6 minutos.
- Rellena esta mezcla con el pollo marinado. Hornee a 190°C (375°F, marca de gas 5) durante 45 minutos. Servir caliente.

Malaidar Murgh

(Pollo cocido en salsa cremosa)

Para 4 personas

Ingredientes

4 cucharadas de aceite vegetal refinado

2 cebollas grandes, finamente picadas

¼ cucharadita de clavo molido

Sal al gusto

1 kg de pollo cortado en 12 trozos

250ml de agua

3 tomates, finamente picados

125 g/4½ oz de yogur batido

500 ml/16 fl oz de crema líquida

2 cucharadas de anacardos, molidos

10 g/¼ oz de hojas de cilantro picadas

Método
- Calentar el aceite en una cacerola. Agrega las cebollas, los clavos y la sal. Dorar a fuego medio durante 3 minutos. Agrega el pollo y saltea durante 7-8 minutos.
- Agrega el agua y los tomates. Cocine por 30 minutos.
- Añade el yogur, la nata y los anacardos. Dejar cocer a fuego lento durante 10 minutos.
- Decorar con hojas de cilantro y servir caliente.

Pollo al curry de Bombay

Para 4 personas

Ingredientes

8 cucharadas de aceite vegetal refinado

1 kg de pollo cortado en 12 trozos

2 cebollas grandes, cortadas en rodajas

1 cucharadita de pasta de jengibre

1 cucharadita de pasta de ajo

4 dientes, molidos

2,5 cm de canela molida

1 cucharadita de comino molido

Sal al gusto

2 tomates, finamente picados

500 ml/16 onzas de agua

Método

- Calienta la mitad del aceite en una sartén. Agrega el pollo y dora a fuego medio durante 5-6 minutos. Poner a un lado.
- Calienta el aceite restante en una cacerola. Agrega la cebolla, la pasta de jengibre y la pasta de ajo y sofríe a fuego medio hasta que las cebollas se doren. Agrega el resto de los ingredientes, excepto el agua y el pollo. Saltee durante 5-6 minutos.
- Agrega el pollo frito y el agua. Cocine a fuego lento durante 30 minutos y sirva caliente.

Pollo Durbari

(Pollo con rica salsa)

Para 4 personas

Ingredientes

150 g/5½ oz de chana dhal*

Sal al gusto

1 litro de agua

2,5 cm de raíz de jengibre

10 dientes de ajo

4 pimientos rojos

3 cucharadas de ghee

2 cebollas grandes, finamente picadas

½ cucharadita de cúrcuma

2 cucharadas de garam masala

½ cucharada de semillas de amapola

2 tomates, finamente picados

1 kg/2¼ lb de pollo, cortado en 10-12 trozos

2 cucharaditas de pasta de tamarindo

20 anacardos, molidos hasta obtener una pasta

250ml de agua

250 ml/8 oz de leche de coco

Método

- Mezclar el dhal con sal y la mitad del agua. Cocina en una cacerola a fuego medio durante 45 minutos. Muela hasta obtener una pasta con jengibre, ajo y chiles rojos.
- Calienta el ghee en una cacerola. Agrega las cebollas, la mezcla de dhal y la cúrcuma. Freír a fuego medio durante 3-4 minutos. Agrega todos los ingredientes restantes.
- Mezcle bien y cocine a fuego lento durante 40 minutos, revolviendo ocasionalmente. Servir caliente.

Pato frito

Para 4 personas

Ingredientes

3 cucharadas de vinagre de malta

2 cucharadas de cilantro molido

½ cucharadita de pimienta negra molida

Sal al gusto

1 kg de pato cortado en 8 trozos

60 ml/2 fl oz de aceite vegetal refinado

2 cebollas pequeñas

1 litro de agua caliente

Método

- Mezclar el vinagre con el cilantro molido, la pimienta y la sal. Marinar el pato con esta mezcla durante 1 hora.
- Calentar el aceite en una cacerola. Saltee las cebollas a fuego medio hasta que se doren.
- Añade el agua, la sal y el pato. Cocine a fuego lento durante 45 minutos y sirva caliente.

Pollo Al Ajo Y Cilantro

Para 4 personas

Ingredientes

4 cucharadas de aceite vegetal refinado

5 cm canela

3 vainas de cardamomo verde

4 dientes

2 hojas de laurel

3 cebollas grandes, finamente picadas

10 dientes de ajo, finamente picados

1 cucharadita de pasta de jengibre

3 tomates, finamente picados

1 pollo grande, picado

250ml de agua

150 g/5½ oz de hojas de cilantro picadas

Sal al gusto

Método

- Calentar el aceite en una cacerola. Agregue canela, cardamomo, clavo, laurel, cebolla, ajo y pasta de jengibre. Freír durante 2-3 minutos.
- Agrega todos los ingredientes restantes. Cocine a fuego lento durante 40 minutos y sirva caliente.

pato masala

Para 4 personas

Ingredientes

30 g/1 oz de ghee más 1 cucharada para freír

1 cebolla grande, en rodajas finas

1 cucharadita de pasta de jengibre

1 cucharadita de pasta de ajo

1 cucharadita de cilantro molido

½ cucharadita de pimienta negra molida

1 cucharadita de cúrcuma

1 kg de pato cortado en 12 trozos

1 cucharada de vinagre de malta

Sal al gusto

5 cm canela

3 dientes

1 cucharadita de semillas de mostaza

Método

- Calienta 30 g/1 oz de ghee en una cacerola. Agrega la cebolla, la pasta de jengibre, la pasta de ajo, el cilantro, la pimienta y la cúrcuma. Freír durante 6 minutos.
- Agrega el pato. Dorar a fuego medio durante 5 minutos. Agrega el vinagre y la sal. Mezclar bien y cocinar a fuego lento durante 40 minutos. Poner a un lado.
- Calienta el ghee restante en una cacerola y agrega la canela, el clavo y las semillas de mostaza. Déjalos crepitar durante 15 segundos. Viértelo sobre la mezcla de pato y sírvelo caliente.

Pollo A La Mostaza

Para 4 personas

Ingredientes

2 tomates grandes, finamente picados

10 g/¼ oz de hojas de menta, finamente picadas

30 g/1 oz de hojas de cilantro picadas

2,5 cm de raíz de jengibre pelada

8 dientes de ajo

3 cucharadas de aceite de mostaza

2 cucharaditas de semillas de mostaza

½ cucharadita de semillas de fenogreco

1 kg de pollo cortado en 12 trozos

500 ml/16 fl oz de agua tibia

Sal al gusto

Método

- Muele los tomates, las hojas de menta, las hojas de cilantro, el jengibre y el ajo hasta obtener una pasta suave. Poner a un lado.
- Calentar el aceite en una cacerola. Agrega las semillas de mostaza y las semillas de fenogreco. Déjalos crepitar durante 15 segundos.
- Agrega la pasta de tomate y sofríe a fuego medio durante 2-3 minutos. Agrega el pollo, el agua y la sal. Mezclar bien y cocinar a fuego lento durante 40 minutos. Servir caliente.

Murgh Lassanwallah

(Pollo con ajo)

Para 4 personas

Ingredientes

400 g/14 oz de yogur

3 cucharaditas de pasta de ajo

1½ cucharadita de garam masala

Sal al gusto

750 g/1 lb 10 oz de pollo deshuesado, cortado en 12 trozos

1 cucharada de aceite vegetal refinado

1 cucharadita de semillas de comino

25 g/solo 1 oz de hojas de eneldo

500 ml de leche

1 cucharada de pimienta negra molida

Método

- Mezclar el yogur, la pasta de ajo, el garam masala y la sal. Marina el pollo con esta mezcla durante 10 a 12 horas.
- Calienta el aceite. Agrega las semillas de comino y déjalas chisporrotear durante 15 segundos. Agrega el pollo marinado y dora a fuego medio durante 20 minutos.
- Agrega las hojas de eneldo, la leche y la pimienta. Dejar cocer a fuego lento durante 15 minutos. Servir caliente.

Chetinad de pollo con pimienta

(Pollo a la pimienta del sur de la India)

Para 4 personas

Ingredientes

2½ cucharadas de aceite vegetal refinado

10 hojas de curry

3 cebollas grandes, finamente picadas

1 cucharadita de pasta de jengibre

1 cucharadita de pasta de ajo

½ cucharadita de cúrcuma

2 tomates, finamente picados

½ cucharadita de semillas de hinojo molidas

¼ cucharadita de clavo molido

500 ml/16 onzas de agua

1 kg de pollo cortado en 12 trozos

Sal al gusto

1½ cucharaditas de pimienta negra molida gruesa

Método

- Calentar el aceite en una cacerola. Agrega las hojas de curry, la cebolla, la pasta de jengibre y la pasta de ajo. Freír a fuego medio durante un minuto.
- Agrega todos los ingredientes restantes. Cocine a fuego lento durante 40 minutos y sirva caliente.

Pollo En Rebanadas Con Huevos

Para 4 personas

Ingredientes

3 cucharadas de aceite vegetal refinado

4 huevos, duros y rebanados

2 cebollas grandes, finamente picadas

2 cucharaditas de pasta de jengibre

2 cucharaditas de pasta de ajo

2 tomates, finamente picados

1 cucharadita de comino molido

2 cucharaditas de cilantro molido

½ cucharadita de cúrcuma

8-10 hojas de curry

1 cucharadita de garam masala

750 g/1 libra 10 oz de pollo, picado

Sal al gusto

360 ml de agua

Método

- Calentar el aceite en una cacerola. Agrega los huevos. Dorar por 2 minutos y reservar.
- En el mismo aceite, añade la cebolla, la pasta de jengibre y la pasta de ajo. Freír a fuego medio durante 2-3 minutos.
- Agregue todos los ingredientes restantes excepto el agua. Mezclar bien y freír durante 5 minutos. Agrega el agua. Dejar cocer a fuego lento durante 30 minutos.
- Adorne con los huevos. Servir caliente.

pollo seco

Para 4 personas

Ingredientes

1 kg de pollo cortado en 12 trozos

6 cucharadas de aceite vegetal refinado

3 cebollas grandes, en rodajas finas

Para la marinada:

8 pimientos rojos

1 cucharada de semillas de sésamo

1 cucharada de semillas de cilantro

1 cucharadita de garam masala

4 vainas de cardamomo verde

10 dientes de ajo

3,5 cm de raíz de jengibre

6 cucharadas de vinagre de malta

Sal al gusto

Método

- Muele todos los ingredientes de la marinada para hacer una pasta suave. Marina el pollo con esta pasta durante 3 horas.
- Calentar el aceite en una cacerola. Saltee las cebollas a fuego lento hasta que estén doradas. Agrega el pollo y cocina por 40 minutos, revolviendo frecuentemente. Servir caliente.

www.ingramcontent.com/pod-product-compliance
Lightning Source LLC
Chambersburg PA
CBHW050158130526
44591CB00034B/1324